非洲卫生与植物卫生措施（SPS）体系评估及对中国出口农食产品难点分析

王　淼　韩振国　刘春卉　编著

中国商务出版社

·北京·

图书在版编目（CIP）数据

非洲卫生与植物卫生措施（SPS）体系评估及对中国
出口农食产品难点分析／王淼，韩振国，刘春卉编著．
北京：中国商务出版社，2024.12. —— ISBN 978 – 7
– 5103 – 5487 – 8

Ⅰ.F752.65

中国国家版本馆 CIP 数据核字第 2024H9G379 号

非洲卫生与植物卫生措施（SPS）体系评估
及对中国出口农食产品难点分析

王　淼　韩振国　刘春卉　编著

出版发行：中国商务出版社有限公司

地　　址：北京市东城区安定门外大街东后巷 28 号　　邮　　编：100710

网　　址：http://www.cctpress.com

联系电话：010 – 64515150（发行部）　　　010 – 64212247（总编室）
　　　　　010 – 64515210（事业部）　　　010 – 64248236（印制部）

责任编辑：刘玉洁

排　　版：北京嘉年华文图文制作有限责任公司

印　　刷：北京九州迅驰传媒文化有限公司

开　　本：710 毫米 × 1000 毫米　1/16

印　　张：8　　　　　　　　　　　字　　数：109 千字

版　　次：2024 年 12 月第 1 版　　　印　　次：2024 年 12 月第 1 次印刷

书　　号：ISBN 978 – 7 – 5103 – 5487 – 8

定　　价：58.00 元

前　　言

2021 年，综合考虑各自发展历史、背景和特点，结合中国《中华人民共和国国民经济和社会发展第十四个五年规划和 2035 年远景目标纲要》、联合国《2030 年可持续发展议程》、非盟《2063 年议程》及非洲各国发展战略，中国和非洲通过《中非合作 2035 年愿景》，以确立中非长期合作方向和目标，推动构建更加紧密的中非命运共同体。

2021 年 11 月，国家主席习近平在中非合作论坛第八届部长级会议开幕式上发表题为《同舟共济，继往开来，携手构建新时代中非命运共同体》的主旨演讲。习近平主席指出，作为《中非合作 2035 年愿景》首个三年规划，中国将同非洲国家密切配合，共同实施卫生健康、减贫惠农、贸易促进、投资驱动、数字创新、绿色发展、能力建设、人文交流、和平安全"九项工程"。其中"贸易促进工程"方面，中国将为非洲农产品输华建立"绿色通道"，力争未来 3 年从非洲进口总额达到 3000 亿美元。中国将提供 100 亿美元贸易融资额度，用于支持非洲出口，在华建设中非经贸深度合作先行区和"一带一路"中非合作产业园。中国将为非洲援助实施 10 个设施联通项目，继续支持非洲大陆自由贸易区建设。

2024 年 9 月 4 日至 6 日，中非合作论坛北京峰会在北京举行。峰会主题为"携手推进现代化，共筑高水平中非命运共同体"。国家主席习近平出席开幕式并发表题为《携手推进现代化，共筑命运共同体》的主旨讲话，提议将中国同所有非洲建交国的双边关系提升到战略关系层面，将中非关系整体定位提升至新时代全天候中非命运共同体。

习近平主席还宣布，未来3年中方愿同非方开展中非携手推进现代化十大伙伴行动，深化中非合作，引领全球南方现代化，包括文明互鉴伙伴行动、贸易繁荣伙伴行动、产业链合作伙伴行动、互联互通伙伴行动、发展合作伙伴行动、卫生健康伙伴行动、兴农惠民伙伴行动、人文交流伙伴行动、绿色发展伙伴行动、安全共筑伙伴行动。

为推动"十大伙伴行动"实施，未来3年，中国政府愿提供3600亿元人民币额度的资金支持，包括提供2100亿元人民币信贷资金额度和800亿元人民币各类援助、推动中国企业对非投资不少于700亿元人民币。中方还将鼓励和支持非方在华发行"熊猫债"，为中非各领域务实合作提供强有力支持。

此次峰会是中非友好大家庭的又一次大团圆，也是中国近年来举办的规模最大、外国领导人出席最多的主场外交。会议期间举办了多场高级别会议，如高质量共建"一带一路"、治国理政、工业化和农业现代化等，中非双方围绕相关主题进行了深入交流和探讨。

国际贸易中心（International Trade Centre，ITC）是由世界贸易组织（WTO）和联合国贸易和发展会议（UNCTAD）共同管理，主要向发展中国家和转型经济体提供贸易相关技术援助的国际组织。国际贸易发展中心和我国合作实施"推动非洲农产品对华出口"的援助项目。为此项目组开展"非洲卫生与植物卫生措施（SPS）体系评估及对中国出口农食产品难点分析"研究，全面评估非洲农食产品监管体系，也即SPS体系，分析非洲对中国出口农食产品的难点，提出相应意见措施，以助力中非"贸易促进工程"实施、推动非洲农食产品对华出口，并为相关援助项目的顺利推进提供技术支撑。

目　　录

第一章　非洲 SPS 体系概况

第一节　SPS 协定基本内涵及涉及领域

SPS 协定，即《实施卫生与植物卫生措施协定》（Agreement on the Application of Sanitary and Phytosanitary Measures）。

一、基本内涵

SPS 协定旨在规范各成员实施卫生与植物卫生措施的行为，确保这些措施仅在保护人类、动物和植物的生命或健康所必需的限度内实施，并且不得对国际贸易造成不必要的障碍。SPS 协定的核心原则包括科学依据原则、非歧视原则、协调一致原则等。科学依据原则要求成员实施的卫生与植物卫生措施必须要有充分的科学依据；非歧视原则禁止成员对不同来源的相同或类似产品采取歧视性的卫生与植物卫生措施；协调一致原则鼓励成员采用国际标准、指南和建议，以促进贸易的便利化。

二、涉及领域

食品安全领域：包括对食品中的农药残留、兽药残留、添加剂、污染物等的限制；食品生产、加工、储存和运输过程中的卫生要求；对进口食品的检验、检疫和认证要求等。例如，各成员可能会对进口的肉类、水果、蔬菜等食品进行严格的检验，以确保其符合本国的食品安全标准。

动物卫生领域：涉及动物疫病的防控、动物及动物产品的检验检疫、动物饲养管理等方面。例如，各成员可能对进口的动物及动物产品进行疫病检测，防止口蹄疫、禽流感等动物疫病的传入；要求动物饲养场符合一定的卫生条件，以保障动物的健康。

植物卫生领域：主要包括对植物病虫害的防治、植物及植物产品的检验检疫、植物种植和养护过程中的卫生要求等。例如，各成员可能对进口的种子、苗木等植物产品进行病虫害检测，防止外来有害生物的入侵；要求植物在种植过程中合理使用农药和化肥，以保证植物产品的质量安全。

其他相关领域：SPS 措施还可能涉及环境保护、相关人员职业健康等方面。例如，各成员可能对某些可能对环境造成污染的农食产品进行限制，对从事农业生产的人员的健康保护提出要求等。

第二节　非洲国家农食产品 SPS 通报及特别贸易关注情况

一、非洲国家农食产品 SPS 通报情况

从通报时间来看，1995—2023 年非洲共发布 1877 条 SPS 通报，通报数量由 1995 年的 1 条增加至 2023 年 404 条，年均增长 23.9%。其中 1995—2014 年通报数量平缓增加，2014 年以后通报数量迅速增加，2018 年开始，年通报量突破 100 条，2023 年通报量创历史新高，见图 1－1。

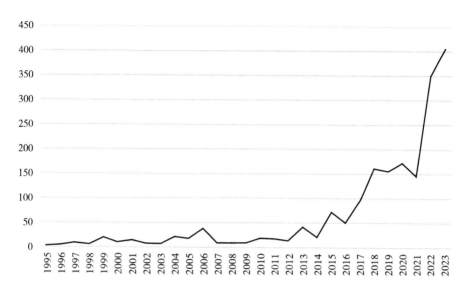

图 1 - 1　非洲国家农食产品 SPS 通报时间分布

从通报数量来看，1995—2023 年共有 33 个非洲国家发布了 SPS 通报，通报数量位列前十的国家分别为乌干达（405 项）、坦桑尼亚（329 项）、肯尼亚（261 项）、埃及（185 项）、摩洛哥（144 项）、南非（97 项）、布隆迪（90 项）、卢旺达（83 项）、马达加斯加（54 项）和尼日利亚（31 项），见表 1 - 1。

表 1 - 1　非洲国家农食产品 SPS 通报数量分布

国家	数量	国家	数量
乌干达	405	塞内加尔	7
坦桑尼亚	329	贝宁	7
肯尼亚	261	莫桑比克	7
埃及	185	塞舌尔	6
摩洛哥	144	冈比亚	6
南非	97	斯威士兰	6
布隆迪	90	布基纳法索	6
卢旺达	83	津巴布韦	6

续　表

国家	数量	国家	数量
马达加斯加	54	突尼斯	4
尼日利亚	31	赞比亚	4
马里	24	德尔加多角省	4
马拉维	23	中非共和国	3
毛里求斯	20	博茨瓦纳	3
科特迪瓦	19	刚果（金）	2
几尼	18	利比里亚	1
多哥	12	纳米比亚	1
加纳	9		

从通报产品来看，1995—2023 年非洲国家通报数量前十的产品品类分别为奶酪和凝乳，新鲜、冷藏或冷冻的禽肉和可食用内脏，鱼类和甲壳类动物，可食用的水果和坚果，活体动物，肉类和食用内脏，动物饲养用制剂，谷物，水蜜桃、梨、木瓜、罗望子和其他可食用水果，牛奶和奶油，见图 1 - 2。

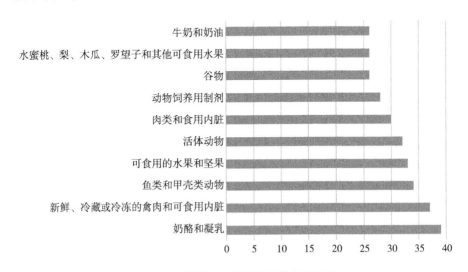

图 1 - 2　非洲 SPS 通报前十的产品情况

从通报目标来看，1995—2023 年非洲 SPS 通报目标主要为食品安全、动物卫生、植物保护、保护人类免受动植物病虫害、保护领土免受虫害的其他损害等。

二、非洲国家农食产品 SPS 特别贸易关注情况

1995—2023 年非洲国家共发布 15 条特别贸易关注。其中塞内加尔和南非特别贸易关注发布量较多，分别为 6 条和 4 条。

表 1－2　非洲国家特别贸易关注情况

时间	发布国	标准名称
1998	坦桑尼亚	欧盟——应对霍乱的贸易限制（ID 40）
2001	科特迪瓦	欧盟——欧盟委员会关于农药残留的第 2000/42/EC 号指令（ID 94）
2001	埃及	欧盟——对埃及土豆的限制（ID 98）
2003	南非	欧盟——欧盟委员会关于口蹄疫的指令 2001/661/EC（ID 161）
2004	塞内加尔	欧盟——食品中某些污染物（黄曲霉毒素）的最高含量（ID 39）
2008	塞内加尔	欧盟——芒果进口快速预警系统（ID 272）
2010	摩洛哥	巴西——关于罐头沙丁鱼的措施（ID 310）
2012	南非	泰国——对葡萄、苹果和梨的限制（ID 326）
2012	塞内加尔	美国——番茄限制（ID 339）
2016	纳米比亚	南非——从博茨瓦纳、莱索托、纳米比亚和斯威士兰进口牛、羊和山羊的修订兽医健康证书（ID 404）
2018	塞内加尔	越南——暂停进口花生种子（ID 418）
2019	塞内加尔、尼日利亚	墨西哥——木槿花进口措施（ID 386）
2019	塞内加尔、马达加斯加	印度——对粮食和其他产品的熏蒸要求（ID 427）
2023	南非	欧盟——对鸵鸟肉的进口限制（ID 558）
2023	南非	欧盟——第三国快速木霉菌监测要求（ID 571）

三、WTO 成员对非洲国家 SPS 通报情况

1995—2023 年对非洲国家进行通报的 WTO 成员基本来自非洲大陆，主要为毛里求斯、肯尼亚和马达加斯加，被通报次数较多的非洲国家是南非、毛里求斯和津巴布韦。相比非洲国家发布的通报数量，非洲国家被通报的次数较少，主要通报关注点在食品安全、植物保护和动物健康三个方面。

四、WTO 成员对非洲国家 SPS 特别贸易关注情况

1995—2023 年被提起特别贸易关注的非洲国家主要是南非、塞内加尔、尼日利亚和摩洛哥。对非洲国家提起特别贸易关注的 WTO 成员主要是巴西、欧盟和俄罗斯，仅有纳米比亚一个非洲国家。WTO 成员对非洲国家特别贸易关注的重点主要在肉类进口方面，见表 1－3。

表 1－3　WTO 成员对非洲国家特别贸易关注情况

时间	发布国及地区	标准名称
2002	巴西	南非——牛肉和猪肉限制（ID 135）
2010	巴西	塞内加尔——禽肉进口限制（ID 303）
2012	巴西	南非——新鲜猪肉和牛肉的进口限制（ID 287）
2013	巴西	南非——疯牛病对牛肉的进口限制（ID 362）
2013	欧盟	南非——禁止从欧盟成员国进口带骨牛肉（ID 43）
2016	巴西	尼日利亚——牛肉和家禽出口的限制（ID 408）
2016	纳米比亚	南非——从博茨瓦纳、莱索托、纳米比亚和斯威士兰进口牛、绵羊和山羊的兽医健康证书（ID 404）
2021	巴西	南非——牛肉、宠物食品和其他动物源性副产品的进口限制（ID 522）
2022	俄罗斯	纳米比亚——小型反刍动物肉类的批准程序（ID 555）
2023	巴西	尼日利亚——肉类、奶类等的进口限制（ID 523）

第三节 非洲 16 个国家/地区 SPS 监管体系特点

一、冈比亚

（一）冈比亚食品安全监管机构概况

冈比亚主要的食品安全监管机构部门包括以下几个：

冈比亚食品安全与质量局[①]（Food Safety and Quality Authority of the Gambia，FSQA）：主要负责制定和执行冈比亚的食品安全法规与标准，保障公众的食品安全。该机构隶属于冈比亚卫生部，其总部设在班珠尔，另设有若干地方分支机构。

冈比亚标准局[②]（Gambia Standards Bureau，GSB）：主要负责对冈比亚国内的产品及服务进行检验、鉴定、认证和标准化工作，是确保消费者权益和保护公众健康的重要机构之一。该机构隶属于冈比亚政府，并在全国各地设有分支机构。

冈比亚农业部[③]（Ministry of Agriculture，MOA）：主要负责监督和管理冈比亚的农业产业，包括农业产品的生产、销售和加工等环节。该机构在冈比亚全国各地设有分支机构。

冈比亚国家药监局[④]（Medicines Control Agency of The Gambia，MCA）：国家药品监管机构，负责规范冈比亚境内的医药制品生产、销售和使用行为。该机构是卫生部下属机构之一，总部设在班珠尔，并设有若干地方分支机构。

以上机构均由冈比亚政府主管并拥有专业人员团队，他们会根据各

[①] https：//fsqa.gm/

[②] http：//www.gambiastandards.org/

[③] http：//www.moa.gov.gm/department/agricultural-services

[④] https：//www.mca.gm/

自的职责和任务制定相应的工作计划与监管措施，确保食品的质量安全和公众健康。

（二）冈比亚食品安全法律法规标准体系概况

1. 法律法规

冈比亚的食品安全法规主要包括《食品药品法》《食品卫生法规》和《食品质量管理条例》等。

其中，《食品药品法》[①] 是冈比亚食品药品法规的主要法律基础，该法规规定了食品和药品的注册、监管、销售、进口及出口等方面的各项内容。同时，该法规还规定了食品和药品的标识、包装以及广告宣传等方面的内容。

《食品卫生法规》[②] 具体规定了冈比亚食品卫生方面的各项内容，包括食品加工、运输、存储、销售等环节中的卫生要求，旨在保障公众健康和生命安全。

《食品质量管理条例》[③] 进一步完善了针对食品质量管理的法律框架，包括食品质量管理的原则、程序、监测、检验等方面的要求。

2. 食品安全标准

冈比亚食品相关的主要标准包括：

HACCP 食品安全管理体系标准[④]：HACCP 是指危害分析与关键控制点，是一种食品安全管理体系，旨在确保生产和加工食品的整个过程中不会产生健康风险。该标准适用于所有类型的食品加工企业。

---

① http：//www. gambia. dk/downloads/Food_ and_ Drugs_ Act. pdf
② http：//www. medicalresearchcouncil. gm/attachments/article/105/Food%20Safety%20and%20Hygiene%20Regulations_ FINAL. pdf
③ http：//www. medicalresearchcouncil. gm/images/documents/Publications/QMS%20Regulations%20Final. pdf
④ https：//www. fao. org/3/t0212e/T0212E07. htm

GMP 药品生产质量管理规范①：GMP 是指药品生产质量管理规范，是确保药品质量和安全的最基本要求。该标准适用于所有类型的制药企业和药品生产企业。

ISO 22000 食品安全管理体系标准②：ISO 22000 是指食品安全管理体系标准，是一种系统化的方法，旨在确保生产、加工、储存和运输食品的整个过程中不会产生健康风险。该标准适用于食品供应链中的所有环节。

ISO 9001 质量管理体系标准③：ISO 9001 是指质量管理体系标准，是一种管理体系，旨在确保企业提供符合客户需求和法规要求的产品及服务。该标准适用于所有类型的企业，包括食品企业。

（三）冈比亚进出口食品安全监管体系概况

1. 进出口食品安全监管制度

（1）企业管理

冈比亚在企业管理方面的进出口食品安全监管制度包括以下主要措施：

进出口食品登记：所有进出口食品都必须先进行登记，否则就不能进出口。该措施旨在确保正确的食品评估和监管，并为消费者提供可靠的保护。

严格的检验程序：所有进出口食品都必须通过严格的检验程序，包括生产厂商、标签和包装的检查以及实物检验等。检验程序将根据产品类型和质量要求的不同而有所不同。

监管体系：冈比亚政府设立了一个包括食品科学家、检验员和其他专业人员在内的监管机构，负责监督食品生产和进出口过程中的质量问

---

① https：//www. who. int/medicines/areas/quality_ safety/quality_ assurance/gmp/en/

② https：//www. iso. org/standard/35466. html

③ https：//www. iso. org/iso-9001-quality-management. html

题。同时，监管机构还定期进行检查和审核，以确保企业遵守相关的食品安全标准和法规。

食品安全档案：所有进出口食品都需要提供完整的食品安全档案，包括产品的质量证明、生产过程记录、检验报告、原材料来源等信息。这些档案可以帮助监管机构了解食品生产和进出口过程中出现的问题，以确保食品的安全和质量。

冈比亚在企业管理方面的进出口食品安全监管制度非常重视食品安全问题，通过严格的检验程序、监管体系和食品安全档案等措施，来保障消费者的健康和安全。

（2）进出口产品通关监管

冈比亚在进出口产品通关方面的进出口食品安全监管制度包括以下主要措施：

海关检验检疫：所有进出口食品都必须在海关进行检验检疫，并符合相关质量和标准要求，如食品添加剂、防腐剂、重金属、农药残留等。如果检验不合格，该食品将被禁止进入冈比亚市场。

食品进口许可证：如果食品通过了海关检验，企业还必须获得冈比亚政府颁发的食品进口许可证才能将食品引入本国市场。食品进口许可证由冈比亚政府颁发，旨在确保食品符合生产、销售、加工、存储和运输过程中的相关质量、卫生与标准要求。

食品营养标签：所有的进口食品都必须标注食品营养标签，以便消费者了解产品成分、营养价值和其他特征。这些标签必须符合指定的规则和标准，确保其内容的准确性和透明性。

食品安全档案：所有进口食品都需要提供完整的食品安全档案，以便政府和监管机构了解产品的质量与安全。这些档案可以追踪产品来源并记录其生产过程和分销途径，以确保食品符合相关标准和法规。

冈比亚通过对进出口食品实施海关检验检疫、食品进口许可证、食品营养标签和食品安全档案等措施，加强对进口食品的监督和管理，进而保障消费者的健康和安全。

2. 食品生产安全监管制度

（1）食品生产过程管理

冈比亚在食品生产过程管理方面实施了一整套的食品安全生产管理制度，主要制度如下：

食品生产许可证：所有生产企业都必须获得冈比亚政府颁发的食品生产许可证，才能进行生产。许可证由政府颁发，旨在确保企业符合生产、销售、加工、存储和运输过程中的相关质量、卫生与标准要求。

生产过程监控：冈比亚政府对生产过程进行全面监控，包括原材料采购、生产加工、包装储存、运输和销售等环节。政府会对企业生产过程中可能存在的问题进行监控和管理，确保企业符合相关标准和法规。

质量控制：冈比亚政府要求企业在生产过程中建立科学的质量控制体系，制定并执行相应的质量管理规定，实行严格的品质管控。同时，政府还会对企业质量控制情况进行抽检和监控，确保产品质量符合国家标准和法规。

人员培训：为了提高企业员工的素质和专业知识，冈比亚政府会定期开展食品安全培训，提高员工对食品卫生和安全问题的意识与重视程度。

原材料控制：冈比亚政府要求企业在采购原材料时，必须规范管理，并对采购渠道进行排查和把控，以确保原材料无污染、无有害化学物质等问题。

冈比亚的食品安全生产管理制度非常严格，冈比亚政府针对生产过程中可能存在的问题进行全面监控和管理，确保企业符合相关标准和法规。同时，加强人员培训和原材料控制，也为产品质量和安全提供了有

11

力保障。

（2）食品溯源及召回制度

冈比亚实行的食品溯源及召回制度主要包括以下几个方面：

食品追溯体系：冈比亚政府要求生产企业建立完善的食品追溯体系，通过对食品生产过程和销售环节中的信息进行记录与管理，实现对食品的全程监控和溯源。当出现食品安全问题时，可以通过溯源体系快速、精确地追溯到问题源头，并采取相应的应对措施。

召回机制：冈比亚政府要求生产企业建立召回机制，并明确召回程序。当发现食品安全问题时，企业需要立即启动召回机制，配合政府和监管部门进行食品回收与处理，以防止食品安全问题的进一步扩散和带来不利的影响。

紧急通报机制：冈比亚政府设立了食品安全危机应急管理机制，一旦发生紧急情况，政府就会通过媒体发布紧急通报，向公众传递相关信息和处理措施，引导消费者采取避免食用或报备问题食品的措施。

冈比亚的食品溯源及召回制度比较完善，通过建立追溯体系和召回机制，实现对食品安全问题的快速处理。同时，政府还设立了紧急通报机制，方便信息传递和消费者掌握相关信息，保障公众的健康和权益。

（3）动物疫情疫病防控体系

冈比亚实行的动物疫情疫病防控体系主要包括以下几个方面：

动物疫情监测：冈比亚政府建立了全国性的动物疫情监测网络，定期对动物疫情进行监测和分析，以便及时发现和掌握疫情动态，采取相应的预防和应对措施。

疫苗接种：冈比亚政府通过动物防疫接种计划，对家禽、家畜等重点动物进行疫苗接种，保障动物健康和避免疫情扩散。同时，政府还对疫苗品质进行严格把控和管理，确保疫苗接种质量及其安全。

疫情应急处理：当发生动物疫情时，冈比亚政府会立即启动应急处理机制，采取隔离、消毒、检疫等相关措施，以防止疫情扩散。

法律法规：冈比亚政府出台了一系列针对动物疫情和疫病的法律与规章，从立法层面上保障动物疫情防控工作的顺利开展。

冈比亚的动物疫情疫病防控体系较为完善，通过建立动物疫情监测、疫苗接种、疫情应急处理及有关法律法规等方面的防控体系，实现对动物疫情的有效防控，从而进一步保障冈比亚畜牧业的良性可持续发展。

二、乌干达

（一）乌干达食品安全监管机构概况

乌干达主要的食品安全监管机构是乌干达国家标准局[①]（National Bureau of Standards，NBS）和乌干达国家药品管理局[②]（National Drug Authority，NDA）。

乌干达国家标准局（NBS）成立于 1983 年，是乌干达政府负责制定和实施有关食品标准、质量与管理的机构。其主要职责包括：制定和更新食品标准；检验和认证符合标准的产品；监督市场上的食品安全状况；培训和加强人员的食品安全意识。

乌干达国家药品管理局（NDA）成立于 1993 年，是乌干达政府负责执行相关法规和管理食品、药品、化妆品的机构。其主要职责包括：审批和监管药品、化妆品的生产、销售和使用；监督市场上的食品安全状况；对医疗器械进行审批和注册。

---

① http：//www. unbs. go. ug/

② https：//nda. or. ug/

此外，乌干达的各级政府还设有负责食品安全监管的部门和机构，如地方政府的卫生部门和环境保护部门等。这些部门和机构负责监督并处理当地的食品安全问题。

（二）乌干达食品安全法律法规标准体系概况

1. 法律法规

乌干达食品相关的法律法规主要有《食品和营养法令》《乌干达国家标准条例》《乌干达国家药品管理局法令》《动物产品卫生法令》等。

《食品和营养法令》① 是针对生产、包装、标签和销售食品的规范和监管，确保消费者能够购买到安全、营养、符合标准的食品。同时，该法律还规定了一些违反法律规定的行为，如欺诈性的食品广告和虚假的营养标签等。

《食品标准条例》② 制定了乌干达的食品标准，并有对不符合标准的食品禁止销售的规定。同时，该条例还规定了添加剂和污染物的使用限制，并要求食品企业负责检测食品的安全性。

《乌干达国家药品管理局法令》③ 规定了乌干达国家药品管理局的职权和职责，以确保食品的安全和有效性。同时，该法律还规定了乌干达国家药品管理局对食品安全的监督管理制度，从源头控制食品安全问题的发生。

《动物产品卫生法令》④ 规定了动物及其产品的监督和管理措施，以确保动物产品的质量和安全符合国家标准。同时，该法律还规定了动物产品的生产、加工和销售要求，并制定了相应的监督管理措施。

这些法律法规为乌干达食品安全监管提供了重要的法律依据，并规

---

① http：//www.ugandanet.com/Laws/2019191-Food-and-Nutrition-Act.pdf
② http：//www.foodsafety.gov.ug/docs/Food%20Standards%20Regulations.pdf
③ http：//www.nafdac.go.ug/files/D41B03492915EC436F8CBA875995E13A1.pdf
④ http：//www.maaif.go.ug/wp-content/uploads/2017/07/ANIMAL-PRODUCTS-HEALTH-AND-MARKETING-BILL-_2006_.pdf

范了食品生产、销售和管理过程。

2. 食品安全标准

《乌干达食品通用规范》^① 规定了食品生产、加工、包装、贮存和销售的基本要求与标准，以确保食品的安全和质量符合国家与国际标准。同时，该规范还规定了食品中添加物、污染物、残留物等的检测和管理要求。

《食品标签和说明书规范》^② 规定了在食品包装上应包含的信息，包括食品名称、配料表、营养成分表、保质期、生产日期和贮存条件等。这些信息有助于消费者了解食品的成分和特性，并提高食品的安全和质量。

《食品添加剂使用规范》^③ 规定了乌干达食品中可使用的添加剂种类、使用限制和质量要求，以确保食品添加剂的使用安全和有效性，并防止添加剂对人体健康产生不良影响。

《食品中农药残留物最大容许限量规范》^④ 规定了食品中各类农药的最大残留容许限量，以保障食品安全和消费者健康。

《动物源性食品规范》^⑤ 规定了动物源性食品的生产、包装、贮存和销售的基本要求与标准，以确保这类食品符合所规定的质量和安全标准。

以上是乌干达食品相关的主要标准，这些标准主要用于指导食品生产企业和行业从原材料选配到制成成品，再到销售过程中所应遵守的标准，以保障食品质量和安全。

---

① http：//www. unbs. go. ug/standards/uds-1-foods-general-requirements
② http：//www. unbs. go. ug/standards/uds-12-labelling-of-pre-packaged-foodstuffs
③ http：//www. unbs. go. ug/standards/uds-23-use-of-additives-in-foods
④ http：//www. unbs. go. ug/standards/uds-45-maximum-residue-limits-for-pesticides-in-foods
⑤ http：//www. unbs. go. ug/standards/uds-45-maximum-residue-limits-for-pesticides-in-foods

（三）乌干达进出口食品安全监管体系概况

1. 进出口食品安全监管制度

（1）企业管理

乌干达在进出口食品安全监管方面采取了一系列措施，以确保进出口食品符合国际质量和安全标准。

第一是食品注册。所有即将投入出口的食品生产企业必须向乌干达国家药品管理局注册。该机构将审核生产加工和质量控制体系是否能够符合进口国的标准要求。只有被批准为受控厂商的企业才能够进行出口食品的生产和销售。

第二是食品检验。所有即将出口的食品都需要接受严格的检验，并取得出口许可证，以确保其符合目的地国家和国际的标准。检验包括对食品成分、添加剂、污染物和其他重要参数进行实验室测试。这些检测可能包括对微生物、化学物质和重金属的检测，以及对食品成分和营养价值的验证。

第三是进口注册。进口商需要向乌干达国家标准局注册，并取得进口许可证。部分高风险食品需额外申请特殊许可。

第四是标签要求。所有进口食品需符合乌干达国家标准局的标签标准，例如成分说明、生产日期、保质期和原产地标识等。

（2）进出口食品通关监管

乌干达在进出口食品通关监管方面的食品安全监管制度主要包括以下措施：

一是检验和检疫。乌干达政府设立国家标准局和动植物卫生检验局，分别负责对进出口食品进行检验检疫和认证工作。这些机构将对进出口食品进行化学、微生物和营养成分等多方面检测和产品抽样，以避免非法、无证和不合格产品通关。

二是证书和许可证要求。所有进口食品必须提供有效、合规的出口国、进口国和/或第三方检验机构出具的相关证书和许可证，包括质量认证、食品安全、卫生、动植物卫生等方面证书和许可证。

三是监管和管理。乌干达政府严格监管所有的进出口食品业务，加强跨部门协调与配合，定期对企业及其监管方式进行检查和评估，对违规行为进行处罚。此外，开展多种多样的培训活动，不断提高相关从业人员的操作技能和知识水平。

四是应急管理。针对食品安全突发事件，乌干达政府制定了一系列应急管理措施。当出现食品安全问题时，相关机构将及时采取对食品进行回收、销毁或者防止流入市场的措施，以保障公众的健康和安全。

2. 食品安全监管制度

（1）食品生产过程管理

在食品生产过程管理方面，乌干达的食品安全监管制度包括以下几点：

一是乌干达政府实行卫生许可证制度。对于从事食品生产、加工、销售等环节的企业进行审批、授权和监管。企业必须获得营业执照及卫生许可证后才能进行食品生产经营活动，以确保食品安全和公共卫生。

二是食品标签和说明书管理。乌干达国家药品管理局通过对食品标签和说明书进行监管与批准，规定了食品标签必须包括产品名称、成分、生产日期、保质期、生产单位等基本信息，并明确禁止虚假宣传和误导性标签。

三是生产现场卫生监管。有关部门负责监督食品企业的生产设备、环境卫生状况，并对食品生产现场进行检查和抽样检测。如果发现问题，要求企业立即整改或暂停生产。

四是食品生产标准制定。乌干达国家标准局与相关部门共同制定和实施一系列食品生产标准，包括生产工艺、设备、操作要求等，以确保食品生产过程符合安全标准，并且对于不符合标准的企业进行惩罚和

17

整改。

乌干达通过在食品生产过程管理方面的食品安全监管制度，采取了多层次的措施，从食品生产环节入手，强化企业的责任意识和自我管理能力。同时，乌干达政府还注重加强监督执法和信息公开，及时发布食品安全相关信息，公众可以通过多种渠道了解食品安全情况，这些措施有助于加强监管和防范食品安全风险。

（2）食品溯源及召回制度

在食品溯源及召回制度方面，乌干达的食品安全监管制度包括以下几点：

一是食品安全责任追究制度。乌干达政府建立了食品生产企业安全追溯制度，对于发现食品安全问题的企业，要求追究其责任，并对不符合标准和要求的产品进行召回。同时，政府也会对参与食品检测、监督检查等工作的官员进行监管和评估，保证他们的工作行为合法和合规。

二是食品质量安全追溯系统建设。乌干达国家标准局建立了食品质量安全追溯系统，要求食品生产企业和销售商在产品上标注生产批次、时间等信息，确保产品质量的可追溯性和可溯源性。该系统能够对食品质量问题进行迅速定位和追溯，并采取相应的措施解决。

三是食品召回制度。乌干达政府建立了食品召回制度，要求企业在发现食品安全问题时立即启动召回程序，并通过各种途径通知消费者，以降低食品安全问题带来的风险。

（3）动物疫情疫病防控体系

乌干达政府建立了完善的动物疫病防控体系，实行疫苗免疫、检测监测、隔离消毒等措施，保障畜牧业生产和产品质量，降低动物疫情疫病对人类健康的威胁。

一是动物产品检测监管。乌干达国家药品管理局通过加强对动物产品的检测监管，确保动物产品符合质量标准和安全要求。同时，乌干达政府还定期组织对从事畜牧业、屠宰加工、交易运输等环节的企业进行检查和抽样检测，严格落实动物产品的来源追溯、检测监管等制度，防止非法经营和流通。

二是加强公共卫生监管。乌干达政府高度重视动物疫情疫病对公共卫生的影响，加强对动物产品消费环节的监管，切实保障公众的食品安全和健康。政府对从事动物产品销售、餐饮等单位进行抽检，并将检测结果公布，提高公众对动物产品的消费安全意识。

三是加强多边合作。乌干达政府积极参与东非共同体、非洲联盟等国际组织，开展多边合作，分享疫情信息、技术和经验，加强区域动物卫生和动物产品交易的监管，保障区域动物产品的质量和安全。

三、坦桑尼亚

（一）坦桑尼亚食品安全监管机构概况

坦桑尼亚主要的食品安全监管机构是坦桑尼亚食品和药品管理局（Tanzania Food and Drugs Authority，TFDA）[①]。

坦桑尼亚食品和药品管理局的主要职责是：管控所有使用在人类及动物身上的药品、辅助产品、化学制剂和食品安全标准；确保食品、药品、辅助材料及其他相关产品的合法注册、正确标识，并对其进行有效管控；协助有关部门处理有关药品质量、督察、授权审核、超量审查、知识产权、终止使用以及撤销等问题；在辖区范围内监测市场上销售的食品和药品，确保其符合国家和国际标准。

坦桑尼亚食品和药品管理局的组织架构为：中央管理（政府任命的主席和董事会成员）、分地区的机构和实施机构（专业人员及管理人员）。

坦桑尼亚食品和药品管理局的人员情况：根据 2021 年的统计数据，

---

① https：//www.tmda.go.tz/

坦桑尼亚食品和药品管理局已经雇用了超过 600 名员工，包括食品科学家、药理学家、监督员、财务人员和支持团队等。

除了坦桑尼亚食品和药品管理局，坦桑尼亚还设立了其他一些重要的食品安全监管机构，包括：

坦桑尼亚标准局（Tanzania Bureau of Standards，TBS）[①]：负责审核、发布和维护坦桑尼亚国家标准，以确保生产商、出口商和消费者遵守这些标准。

坦桑尼亚动植物卫生局（Tanzania Plant Health and Pesticides Authority，TPHPA）[②]：是坦桑尼亚农业部下属的机构，专门负责监督和防治植物疾病和害虫问题。同时，该机构还负责检测植物中使用的化学品和农药的残留物，并确保它们不会影响到食品安全。

这些机构都在不同的阶段参与坦桑尼亚食品安全监管，并在监督、预测、识别和应对食品安全威胁等方面发挥着重要作用。

（二）坦桑尼亚食品安全法律法规标准体系概况

1. 法律法规

坦桑尼亚关于食品的法律法规比较完备，以下是其中一些主要的法律法规简介：

《食品、药品和化妆品法》[③]：这是 2003 年颁布的一项重要的法律法规，旨在确保所有在坦桑尼亚销售的食品、药品和化妆品都符合最低质量标准，包括产品注册、生产规范、标签信息等方面的规定。

《食品安全管理条例》[④]：这一条例于 2015 年修订，用于指导和规范坦桑尼亚的食品生产和销售行业，包括食品的质量、卫生和营养方面

---

① https：//tbs. go. tz/
② https：//tpri. go. tz/
③ Tanzania Food，Drugs and Cosmetics Act，2003（No. 1 of 2003）.（ecolex. org）
④ http：//fma. co. tz/assets/uploads/2019/11/The-Food-Safety-and-Quality-Control-Regulations-2019-Government-Notice-No. -263_ 1. pdf

的规定。其中还包含有关食品标签、广告和假冒伪劣食品的规定。

《加工食品管理指导方针》①：该指南明确规定了食品加工企业应遵循的原则、规章制度和流程，以确保其加工食品的质量和安全。

《食品标签和广告指导方针》②：该指南明确规定了商家应遵循的食品标签和广告的规定，包括信息披露、误导消费者广告的禁止行为等。

《食物（品质管制）（食品进口）规例》③：规定了食品进口许可、货物检查等内容。

《消费者权益保护法》④：在食品的相关领域，该法规从维护消费者合法权益的角度考虑，对生产商、批发商、零售商等提出更严格的监管标准，并规定消费者有权利得到赔偿或退款等。

坦桑尼亚政府通过各种法律法规加强对食品安全的监管和控制，以确保食品安全。

2. 食品安全标准

坦桑尼亚的食品安全相关标准和规范包括以下主要内容：

ISO 22000 标准⑤：国际标准化组织（ISO）颁布的关于食品安全管理体系的标准，旨在确保食品的安全性和可追溯性。该标准适用于从农药、饲料、原材料等环节开始，到最终消费者购买的整个食品生产流程。

HACCP 标准⑥：危害分析与关键控制点（HACCP）是一种食品安全管理方法，它强调对可能会导致健康问题的任何危害进行预防和控

---

① https：//www. tbs. go. tz/documents/food_ processing_ guidelines. pdf

② https：//www. tbs. go. tz/documents/food_ labelling_ guidelines. pdf

③ https：//www. ecolex. org/details/legislation/food-control-of-quality-importation-of-food-regulations-1982-gn-no-63-lex-faoc005268/？ q = The + Food + Safety + Regulations + Tanzania

④ http：//www. parliament. go. tz/polis/uploads/constitutions/THE%20CONSUMER%20PROTECTION%20ACT,%20no. %2023%20of%202003. pdf

⑤ https：//www. iso. org/standard/65645. html

⑥ http：//www. fao. org/food/food-safety-quality/a-practical-guide-for-the-application-of-haccp-principles/en/

制。HACCP 标准被广泛应用于食品业的各个方面。

食品添加剂标准①：规定了所有添加到食品中的物质，只有通过科学评估才能使用，并且其添加量不得超过法律法规规定，并对部分禁止使用的食品添加剂明确规定限制性条例。

食品标签标准②：规定了对于每种类型的食品都需标注的必要信息，包括成分列表、保质期、存储条件和符号或形状等特定图示。

食品检验与监管标准③：规定了食品检验和监管的通用标准，以及对特定类型的食品所需的特殊监管。例如，对进口食品的检验与监管要求严格，确保符合禁止使用食品添加剂、日期标签、食品标签等要求。

食品包装材料标准④：规定了食品包装材料应该具有的安全性与环保性标准，并竭力推广，以回收利用、循环利用、低碳的方式来推动环境保护。

上述标准旨在确保食品生产和销售过程中（从原材料采购到消费者端的销售环节）遵守规定标准和相关规范，在控制食品安全生产过程中提高切实可行性。

（三）坦桑尼亚进出口食品安全监管体系概况

1. 进出口食品安全监管制度

（1）企业管理

坦桑尼亚企业在进出口食品方面的管理和监管制度是非常严格的，以确保其所涉及的食品能够符合质量标准并且安全。以下是对该国企业管理方面进出口食品安全监管制度的简要分析：

产品认证和注册：在坦桑尼亚，任何想要从事进口食品业务的企业

---

① http：//www.tfda.or.tz/index.php/en/component/phocadownload/category/7-food-additives
② https：//www.tbs.go.tz/documents/Food%20Labelling%20Guidelines.pdf
③ https：//www.tbs.go.tz/
④ https：//www.tbs.go.tz/documents/Food%20Packaging%20Materials%20Standard.pdf

必须通过当地的认证审批，并获得相关的进口许可证或注册执照。这个过程旨在确保新进口的食品符合国家技术法规的标准要求。同时，入境的食品还需要满足相应的检验要求，才能获得进口的权限。

清关和报关手续：进口时需要向海关申报，并及时提交清关文件。据此海关会对食品进行抽样及检验处理，以确保其符合国家的食品安全标准和规定。若是发现有违反情况，可能就会被禁止进口或下架销售。

食品包装标签规定：在坦桑尼亚，所有食品都必须依据法律明文规定来进行正确标注。严格按照产品标示管理条例标注食品及其包装上的生产企业、规格型号、产品原料等基本信息，以消费者权益保护和可追溯制度为出发点。

进口许可证要求：所有食品进口必须获得当地进口许可证。在申请过程中，企业需要向当地授权机构或认证机构提交一系列文件，并按照国家法律规定的时间要求完成批准手续。审批程序旨在确认产品符合该国规定的质量标准，并确保最终产品是安全、健康的。

（2）进出口食品通关监管

坦桑尼亚在进出口食品通关监管方面的食品安全监管制度可以分为以下部分：

抽样检验：所有进口食品都必须进行抽样检验并获得当地的认可。该过程包括对食品成分、质量和安全方面的检测，以保证其符合当地的法规标准。

审核制度：坦桑尼亚通过审核制度确保贸易商和生产商在出口商品前遵守正式程序，如获得适当批准前禁止使用化学物质等，这样可以防止下游市场货品出现越来越多的性质差异及危险的问题。

标签要求：所有进口食品都必须符合当地的标签要求。标签内容包括营养信息、生产国家、原材料以及其他重要细节等，以提高消费者对食品的信任感。

进口许可证申请：除非持有有效的进口许可证，否则不得进口食品，而本土生产厂商也必须严格遵守。管理部门需要详细检视进口许可证申请中所涉及的各个领域，以此审查和核实各个要点，以保障产品的安全。

2. 食品安全监管制度

（1）食品生产过程管理

坦桑尼亚在食品生产过程管理方面有以下特点：

一是有规范的法律法规。坦桑尼亚有关食品安全的相关法律法规较为完善。例如，《食品、药品和化妆品法》，规范了食品、药品和化妆品的注册、审核、管理和控制等方面内容，以及禁止使用某些含有毒素或危险植物来生产食品，确保市场上销售的食品符合当地法规标准。

二是有强大的监督力量。坦桑尼亚政府和相关部门设立了相应的信息网络系统，从源头开始扫描控制食品的质量。此外，监管机构还定期抽查各大饭店和超市销售的食品，对食品进行采样送检并公示相关监测结果，使问题企业无所遁形，从而保障食品安全。

三是对农产品加工经营者的责任追究。对于不合格食品，相关部门会对企业进行惩罚巡查。

四是维护稳定的市场环境。政府通过相关部门现场检查与企业协商等方式，维护市场的稳定运行，并保证食品价格、质量符合合理标准。同时，坦桑尼亚重视知识宣传，普及适当的饮食和健康生活方式，让公众对不合格食品有充分的认识，努力提高公众的食品安全意识。

总体来说，坦桑尼亚在食品生产过程管理方面积极推动并严格控制生产开放市场上的各个环节。

（2）食品溯源及召回制度

坦桑尼亚在食品溯源及召回制度方面具有以下特点：

一是全面实施食品追溯制度。坦桑尼亚政府通过建立食品追溯体系，对市场上各类生产企业进行监管和检测，其目的是全方位与分级别追溯每一件食品，建立健全食品安全质量监测表格、处理方法、快速反应机制，并逐步建立包括物联网技术的信息追溯系统。

二是保障公众权益。如果出现不符合条件的食品，相关企业必须立即报告至政府相关部门并立即停止销售。同时，政府机构也会在第一时间抽检其他企业同款食品是否达到要求，确保相关不合格且有损人民健康的食品能够及时被下架。

三是设立责任部门。坦桑尼亚政府成立了食品和药品管理局等一系列责任主体，确保迅速检测、快速处理和精确控制食品安全事故。同时，坦桑尼亚政府还采用消费者保护法等有关规定，加强企业的自我监管意识，从而提高食品质量管理水平。

（3）动物疫情疫病防控体系

坦桑尼亚在动物疫情疫病防控体系方面的食品安全监管制度有以下特点：

一是建立健全动物检疫制度。坦桑尼亚政府已建立和实施了可行的动物检疫策略，随时对从国外进口的活家禽、活家畜等肉类动物及其产品进行检疫和隔离，确保其不携带动物疫情或病原体，并完善相应的进口动物隔离场所。

二是实行"严格、积极、及时"的防疫措施。坦桑尼亚政府当局做了大量努力，预防和控制可能会引起大规模疫病的危险。例如，坦桑尼亚在牛瘟暴发期间实行"立即死亡"的措施。同时，还加强对鸡舍卫生和饮水设施的管理，以预防禽流感疫情的扩散，每年开展动物强制免疫工作来消除相应的疾病。

三是加强宣传教育和科学研究。政府通过各种方式宣传和提升人民的防疫意识，促使广大群众养成洗手、消毒、着装、营养健康等方面的良好习惯，并定期开展相关动物疫病研究和检测等科学运作。同时，通过加强人员培训、提升职业技能等措施，提高了从业者的专业水平，确保动物疫情能够得到及时发现和处理。

四、埃塞俄比亚

（一）埃塞俄比亚食品安全监管机构概况

埃塞俄比亚的主要食品安全监管机构是埃塞俄比亚食品、药品和化妆品管理局[①]（Ethiopian Food，Medicine and Healthcare Administration and Control Authority，FMHACA）。主要职责包括：制定、实施、监督和评估相关的食品安全政策、法规与标准；监督并确保食品加工、生产、运输、销售和储存的环节符合国家与国际食品安全标准；对食品检验机构进行监督和管理，及时报告食品安全事件和问题，采取相应的应急措施；加强与其他国家食品安全监管机构的合作，推进国际食品安全标准的制定和实施。

埃塞俄比亚食品、药品和化妆品管理局下设多个部门和科室，包括食品安全监管部门、药品监管部门、卫生监督部门等。其中，食品安全监管部门包括食品标准制定和实施、食品质量管理、食品安全检验、食品安全事件监测等专业科室。药品监管部门则包括药物注册、药品生产质量管理、药品市场监督等科室。

据悉，埃塞俄比亚食品、药品和化妆品管理局的人员数量相对较少，但他们大多具有相关领域的教育和专业背景，并具备丰富的实践经验。同时，该机构也积极招聘和培训优秀人才，以提高监管工作的水平和效率。需要指出的是，在一些偏远地区，该机构仍然存在人员不足的问题，影响当地食品安全工作的开展。

除中央机构外，各州政府也设有自己的食品安全监管机构。这些机

[①] https：//www.fmhaca.gov.et/

构根据当地情况，设置相应的部门和科室，负责当地的食品安全监管工作。同时，有些地区还会将其他部门和机构的人员资源用于处理食品安全事务。

（二）埃塞俄比亚食品安全法律法规及标准体系概况

1. 法律法规

《食品、药品和化妆品管理局成立法案》[①] 于 2010 年颁布，规定了埃塞俄比亚食品、药品和化妆品管理局的职责与权限。

《食品、药品和化妆品注册和监管指南》[②] 规定了食品、药品和化妆品注册及监管的程序与流程。在食品领域，该指南要求食品生产商必须经过注册，才能获得生产和销售许可证。同时，该指南还规定了食品生产、加工和销售等方面的标准和要求。

《食品安全总局规章》[③] 规定了食品安全总局的职责和权限。食品安全总局是负责监督和管理食品安全问题，及时报告食品安全事件和问题并采取相应应急措施的政府机构。

《食品、药品和化妆品法》[④] 规定了食品、药品和化妆品的注册、生产、进口、销售与质量标准等方面的要求。其中包括对食品生产企业的管理和要求，以及对违反相关规定的处罚和惩罚措施。

埃塞俄比亚的食品安全法律法规体系不断完善，并与国际食品安全标准接轨。

2. 食品安全标准

埃塞俄比亚国家标准局（The Ethiopian Standards Agency）制定了许多关于食品安全的标准。其中一些主要标准如下：

《埃塞俄比亚食品安全管理系统要求》[⑤] （ESISO 22000：2018）规

---

① http：//www. fmhaca. gov. et/

② http：//www. fmhaca. gov. et/

③ https：//www. efsa. gov. et/

④ http：//www. fmhaca. gov. et/

⑤ https：//www. tse. org. et/images/National_ Standard/ES_ ISO_ 22000 – 2018. pdf

定了用于设计、实施、维护和改进食品安全管理系统的要求，以确保生产出的食品对人类健康没有危害。

《食品和饮料中添加剂使用的基本要求》① 规定了食品和饮料添加剂的使用、标签说明、安全性等要求，以保障消费者的健康与安全。

《婴幼儿配方食品和婴幼儿食品通用规定》② 明确了婴幼儿配方食品和婴幼儿食品的分类、食品质量、营养成分、微生物指标限值等要求。

《食品添加物使用的通用要求及其标识》③ 规定了食品添加物的概念、分类、使用范围、标签说明等要求。

（三）埃塞俄比亚进出口食品安全监管体系概况

1. 进出口食品安全监管制度

（1）企业管理

埃塞俄比亚在食品安全监管方面对企业有严格的管理要求，以确保企业能够生产和销售符合国家标准、质量可靠、安全卫生的食品。

食品生产许可证：所有从事食品生产的企业都必须取得埃塞俄比亚卫生部门的食品生产许可证，该证显示企业符合相关法规、标准和卫生要求，具备生产食品的资格。

食品生产环节监管：埃塞俄比亚食品安全局将定期对食品生产环节进行监管，包括检查生产设施、生产工艺、原材料选择标准、产品标识等方面。同时，还要求企业建立完善的质量控制体系，保障食品生产过程的卫生安全。

食品销售和贮存监管：埃塞俄比亚食品安全局还会针对销售和贮存环节进行监管，确保进入市场的食品质量安全。企业需要严格控制食品

---

① https：//www. tse. org. et/images/National_ Standard/ES_ 3470－2018. pdf
② https：//www. tse. org. et/images/National_ Standard/ES_ 722－2013. pdf
③ https：//www. tse. org. et/images/National_ Standard/ES_ 3060－2011. pdf

储存条件、保证配送的安全卫生、及时回收缺陷产品等。

食品安全检查和食品召回制度：为了及时发现和处理有害的、不合格的食品，埃塞俄比亚食品安全局实行了食品安全检查和食品召回制度，要求企业严格执行相关规定，确保消费者购买到安全的食品。

总体来说，埃塞俄比亚在食品安全监管方面对企业实行了严格的管理制度，以确保企业生产的食品质量安全可靠。通过实施这些措施，不仅保障了国民的健康权利，也增加了消费者对企业的信任，提高了企业的市场竞争力。

（2）进出口食品通关监督

埃塞俄比亚的进出口食品通关监督涉及多个方面，以确保产品的合法性和合规性，并维护国家的贸易秩序和安全。

①进口食品通关监督

准备进口资料：进口商需要准备进出口经营权证明文件（如营业执照、税务登记证等）、进口合同、发票、装箱单等。针对特定产品，如某些受监管的食品，可能需要额外的证明文件，如进口食品境外生产企业注册名单和产品清单、进口食品检验检疫申请表等。

提交进口报关申请：进口商需要向当地海关提交进口报关申请，并缴纳相应的报关费用。

检验检疫：海关会对进口食品进行检验检疫，包括外观检验、重量检验、标签检验等。

如果食品存在质量问题或不符合埃塞俄比亚的检验标准，海关会要求进口商进行整改或退运处理。

缴纳税费：进口商需要向海关缴纳相应的税费，包括关税、增值税等。

取得进口许可证：某些食品在进口前可能需要办理进口许可证。这通常需要在埃塞俄比亚的相关政府机构（如埃塞俄比亚食品、药品、医疗器械及卫生保健管理局，EFMHACA）进行申请和审批。

②出口食品通关监督

出口前检验检疫：出口食品在离开埃塞俄比亚前，需要经过埃塞俄比亚相关政府机构的检验检疫。检验检疫机构会对食品进行抽样检测，确保其符合埃塞俄比亚的出口标准和进口国的进口要求。

准备出口文件：出口商需要准备出口合同、发票、装箱单等文件。还需要提供由埃塞俄比亚相关政府机构出具的植物检疫证书或其他必要的证明文件。

办理出口许可证：某些食品在出口前可能需要办理出口许可证。这需要在埃塞俄比亚的相关政府机构进行申请和审批。

海关申报和放行：出口商需要向埃塞俄比亚海关提交出口申报，并缴纳相应的税费（如适用）。海关会对出口食品进行核查，确保其符合出口要求后予以放行。

2. 食品安全监管制度特点

（1）食品生产过程管理

埃塞俄比亚在食品生产过程中采取了一系列措施来保障食品安全。

严格的许可证管理制度：所有从事食品生产的企业都必须取得埃塞俄比亚卫生部门的食品生产许可证，该证显示企业符合相关法规、标准和卫生要求，具备生产食品的资格。企业需要定期进行自查，确保食品质量符合标准，以便保障消费者权益。

明晰的质检体系：埃塞俄比亚建立了一套明晰的质检体系，包括工艺流程、环境管理、原材料货源管理、产品抽样检验、缺陷产品回收等环节，力求保证食品生产和销售全过程的安全与可控。

独立的监管机构：埃塞俄比亚成立了专门的食品安全局，负责对食品生产和销售流通环节进行监管。该机构独立于生产企业和政府监管机构，具有独立性和公正性，可以有效保障食品安全。

保护消费者权益的措施：埃塞俄比亚在保护消费者权益方面采取了一系列措施，如要求企业建立完善的质量控制体系、要求食品标签上必须注明相关信息等。消费者对于存在疑问或者发现问题产品可以向监管部门举报，监管部门将会及时回应并进行处理。

这些制度不仅为食品企业提供了规范的生产流程和管理程序，也保障了消费者的权益，确保食品的安全性和可靠性。

（2）食品溯源及召回制度

埃塞俄比亚在食品溯源及召回制度方面采取了一系列食品安全监管制度。

食品追溯制度：埃塞俄比亚要求所有生产企业必须建立生产过程的追溯体系。追溯体系将记录食品整个生产的过程，包括进货、生产、加工、储存、销售等环节，以便在发现问题时能够追责和处理。

紧急召回机制：如果发现某些产品存在质量问题或者存在其他的安全隐患，相关企业必须立即启动召回程序。同时，相关部门还将会对该企业进行调查，并要求生产企业提供相应的产品收回计划和执行情况。

公共信息发布：埃塞俄比亚在食品安全事件发生时，会第一时间通过媒体向公众发布相关信息，包括问题食品的种类、品牌、批次、生产日期、召回范围、处理方式等。这可以帮助消费者及时掌握食品安全信息，做出相应的防范和应对措施。

溯源技术手段：埃塞俄比亚在食品安全监管方面大力推广溯源技术手段，如条形码、二维码等。通过使用这些技术手段，可以快速准确地追溯到问题食品的生产、运输和销售环节。

（3）动物疫情疫病防控体系

埃塞俄比亚在动物疫情疫病防控体系方面采取了一系列食品安全监管制度。

动物疫苗管理制度：埃塞俄比亚要求所有从事动物饲养和屠宰的企

业都必须接种相应的动物疫苗，确保及时有效地防控动物疫病。同时，相关部门还会对动物疫苗进行定期的检查和鉴定，以确保其质量符合标准。

动物检疫制度：埃塞俄比亚建立了完善的动物检疫制度，对进口和出口的动物及产品进行检测与鉴定，以确保其安全。同时，该制度还包括动物检疫站的建设和管理，并要求检疫人员接受专业的培训，提高其检疫水平和技能。

疫情应急预案：埃塞俄比亚在动物疫情防控方面建立了一套完整的应急预案，以便在动物疫情发生时能够快速反应、及时处置。该预案包括应急响应机制、信息通报机制、物资保障机制等，以确保动物疫情得到有效防控。

交叉感染防控措施：埃塞俄比亚要求动物饲养和屠宰企业必须建立健全的交叉感染防控体系，包括环境卫生管理、食品安全检测、队员卫生管理等环节。同时，该体系也要求企业进行自查和改进，以确保动物产品符合相关标准。

五、塞拉利昂

（一）塞拉利昂食品安全监管机构概况

塞拉利昂主要的食品安全监管机构是塞拉利昂国家标准局[①]（Sierra Leone Standards Bureau，SLSB），该机构成立于1971年，是塞拉利昂政府监管食品安全的主要机构之一。其职责范围包括：制定和推广塞拉利昂国家标准，确保食品生产和销售符合质量标准与规定；监测和管理市场上的食品，确保食品安全；对进口和出口的食品进行检验与认证，确保符合国家和国际标准。

---

① http://www.slbs.sl/

塞拉利昂国家标准局由中央和地方两部分组成。中央机构包括一个总部和五个部门，分别是标准化部门、法规合规部门、检验部门、市场监测部门和行政部门；地方机构由各个地区的局或办事处组成，主要负责对当地的食品生产和销售进行监督与管理。

该机构的人员情况比较简单。其官方网站显示，截至 2021 年，中央机构共有约 100 名职员，而地方机构的人数则因地而异。这些职员包括标准化专业人员、法规合规专家、检验员、市场监测人员以及行政管理人员等。

除塞拉利昂国家标准局外，塞拉利昂还有一些其他的食品安全监管机构。

塞拉利昂健康部（The Ministry of Health & Sanitation，MoHS）[①] 负责协调和管理包括食品在内的各种健康与卫生问题。

塞拉利昂食品和药物管理局[②]（Sierra Leone Food and Drugs Administration，SLFDA）是负责监督与管理塞拉利昂国内所有食品、药品、化妆品、医疗器械、血液和生物制品等生产、加工、流通及销售环节的机构。其主要职责包括：制定和实施相关的法规、标准及管理规定，确保食品、药品等各类产品的质量和安全；开展对食品、药品等各类产品的检验、检测、审批、注册和许可等工作；针对食品安全事件和药品不良反应等情况，及时采取相应的措施并发布公告，提醒公众注意食品、药品等产品的使用安全；开展食品、药品等各类产品的市场监管工作，打击假冒伪劣产品和违法行为；进行食品、药品等领域相关的科学研究，促进该领域的发展和创新。

这些机构在塞拉利昂的食品安全监管系统中扮演着不同的角色，相

---

① https：//mohs. gov. sl/

② http：//www. sl-fda. org/

互合作以确保塞拉利昂的食品安全。

（二）塞拉利昂食品安全法律法规及标准体系概况

1. 法律法规

《食品标准法》①（Food Standards Act），该法律规定了塞拉利昂食品标准。它的宗旨是确保在食品生产、加工、包装、贮存和销售过程中所用的食品材料及食品不会对公众健康造成危害。该法律由塞拉利昂食品管理局制定和执行。

《塞拉利昂国家标准局法》②（The Sierra Leone Standards Bureau Act），该法律规定了塞拉利昂国家标准局的职责和任务，以确保生产、质量控制和出口商品得到监管与保证。同时，该法律还规定了塞拉利昂国家标准局的权力和职责。

《食品安全管理条例》③（The Food Safety Regulations），该条例旨在确保生产、质量控制和销售食品时采用的食品材料及食品不会对公众健康造成危害。同时，该条例还包括监管农产品、水产品和饲料的规定。

《农业种子法》④（Agricultural Seeds Act），该法律旨在确保农业作物种植材料的质量和安全。它规定了种子生产、销售和质量控制的标准，并为此设立了种子委员会。

《动物卫生法》⑤（Animal Health Act），该法律规定了塞拉利昂养殖业动物健康管理的政策和程序，包括预防、控制和消灭动物疾病。

《食品添加剂法》⑥（Food Additives Act），该法律规定了使用食品添加剂的限制和要求，以确保食品安全。

---

① http：//www. sierra-leone. org/Laws/1967 – 37. pdf
② http：//www. sierra-leone. org/Laws/1971 – 17. pdf
③ http：//www. sierra-leone. org/Laws/2011 – 03. pdf
④ http：//www. sierra-leone. org/Laws/2004 – 14. pdf
⑤ http：//www. sierra-leone. org/Laws/2007 – 03. pdf
⑥ http：//www. sierra-leone. org/Laws/1983 – 23. pdf

此外，塞拉利昂还有一些关于食品安全的指导文件和实施细则。例如，塞拉利昂国家标准局发布的有关食品质量安全和管理的指南，国家食品安全和控制委员会发布的相关文件等，这些文件为食品安全的监督和管理提供了更为具体和详细的要求。

2. 食品安全标准

塞拉利昂与食品相关的主要标准包括以下几个：

《塞拉利昂食品安全标准》（Sierra Leone Food Safety Standards）由塞拉利昂国家标准局制定。其中，《食品安全标准》（SLS 32）[①] 是这些标准中最为重要的一个，包括了 8 个部分，分别规范了与食品安全相关的各种要求。具体而言，SLS 32 部分 1 - 4 分别规定了食品生产商应当遵循的基本要求、食品卫生和安全的标准、饮用水的质量和卫生以及与食品加工有关的最佳实践；SLS 32 部分 5 - 6 涉及了食品中所含化学物质、微生物和其他有害物质的限制；SLS 32 部分 7 - 8 则规定了食品的质量和质量控制。通过遵守这一系列标准，可以保证在塞拉利昂生产或销售的食品符合最高的安全、卫生和环保标准。

《塞拉利昂食品加工标准》（Sierra Leone Food Processing Standards）主要由塞拉利昂国家标准局制定和管理。其中，《源自植物和动物原料的食品加工标准》（SLS 90）[②] 是其中的一项重要标准。SLS 90 主要规定了与源自植物和动物原料的食品加工相关的各种流程与技术的最佳实践。具体而言，标准涵盖从原料采购到成品配送的整个加工过程。此外，标准还规定了加工商需要遵守的相关法规，如环保和劳工法规等。

通过遵守这个标准，加工商可以确保他们的食品符合最高的安全、

---

① https：//www.slsb.sl/wp-content/uploads/2019/11/SLS-32-Food-Safety-Standards-Part-1-to-8.pdf

② https：//www.slsb.sl/wp-content/uploads/2019/11/SLS-90-Food-processing-standards-part-1-2.pdf

卫生和环保标准。

《塞拉利昂食品质量标准》①（Sierra Leone Food Quality Standards）涵盖各种食品的质量指标和参数，包括食品的外观、口感、营养成分、微生物和化学成分等指标。该标准是确保塞拉利昂食品符合国际标准和国家要求的重要标准之一。

《塞拉利昂的食品安全标准》主要分为对食品生产、储存、加工和销售等环节的规范。这些标准旨在保障公众健康，提高食品质量，促进经济发展，使得塞拉利昂的食品行业更加健康、可持续和有竞争力。

（三）塞拉利昂进出口食品安全监管体系概况

1. 进出口食品安全监管制度

（1）企业管理

在企业管理方面，塞拉利昂国家标准局（SLSB）负责督导和管理所有生产、进口与销售食品的企业。该机构会要求企业遵守相关法规和标准，如 SLS 32 等食品安全标准，并定期对企业的生产过程进行检查，以确保企业符合标准要求。

此外，为了确保进口食品的安全，进口商需要在塞拉利昂食品和药物管理局或者塞拉利昂国家标准局申请相应的进口食品许可证。在申请过程中，进口商需要提供食品的相关信息，包括食品名称、规格、包装等，同时还需要提供生产企业的注册证书、生产许可证书、卫生许可证书以及食品的检测报告和质量证明文件等。

在申请过程中，食品和药物管理局或国家标准局会对申请材料进行审查和核实，并对进口商的生产和加工工艺、质量管理体系等进行检查与评估。如果符合要求，就会发放合法的进口食品许可证。

另外，所有进口食品必须在包装上标明成分、保质期、生产日期等

---

① https：//www.slsb.sl/standards/food-quality-standards/

信息。此外，标签上还必须标注国内进口商的名称和地址，并且需要满足塞拉利昂食品标签法规的要求。这些规定旨在使消费者了解所购买的食品的来源和成分，从而提高食品安全性和可追溯性。

塞拉利昂在企业管理方面的进出口食品安全管理制度是严格的，旨在保证进出口食品的安全和质量。这些制度既有利于塞拉利昂国家经济发展，也保障了消费者的健康权益。

（2）进出口食品通关监管

塞拉利昂在进出口食品通关监管方面的安全管理制度包括以下几个方面。

报关要求：所有进口食品都需要在入境前向海关提交报关申报单，申报单上必须详细说明货物的名称、数量、成分和价值等信息。对于不符合标准或者涉嫌食品安全问题的货物，海关将会进行深度检查，并可能采取相应措施，如扣押、退运等。

检验要求：进口食品必须按照塞拉利昂相关标准进行检验，确保其符合国家相关标准和法规。此外，塞拉利昂政府还会根据食品的不同类别，对其进行许可证审核和检验。只有符合要求的食品才能获得许可证，从而可以销售和流通。

监管要求：塞拉利昂政府通过食品和药物管理局对进口食品实施监督和管理。食品和药物管理局负责在进口初始阶段对食品进行评估和检查，并会对不合格的进口食品进行扣押或退运。

抽样检测：塞拉利昂政府通过食品和药物管理局随机抽样检测进口食品的质量和安全。这些抽样检测通常涉及对有毒有害物质、添加剂、细菌和其他微生物的检测与分析。

2. 食品安全监管制度

（1）食品生产过程管理

塞拉利昂在食品生产过程管理方面的监管制度具有以下几个特点。

生产许可证制度：所有食品生产企业必须取得政府颁发的生产许可证才能进行生产和销售，确保生产企业具备相应的生产条件和管理能力。

产品标签和包装要求：塞拉利昂政府规定了食品标签和包装的标准，对包装材料的使用、产品标识、成分和营养信息等方面进行了规定和要求。

食品添加剂管理：塞拉利昂政府通过对食品添加剂审批和使用进行严格监管，对使用不合格或者未经批准的食品添加剂进行处罚，确保食品安全。

检测体系完善：塞拉利昂政府建立了健全的检测体系，在食品生产过程中对原材料、半成品和成品进行抽样检测，确保食品符合国家相关标准和法规。

质量控制和追溯体系：塞拉利昂政府要求所有食品生产企业建立质量控制和追溯体系，对生产过程中的关键环节进行监测和记录，确保产品质量、可追溯性以及能够快速回溯。

这些制度的建立，可以提高食品安全管理水平，保障消费者的健康和权益，并促进塞拉利昂食品产业的健康发展。

（2）食品溯源及召回制度

塞拉利昂在食品溯源和召回方面建立了一套完善的监管制度，以下是主要内容。

食品追溯体系：塞拉利昂政府要求所有从事食品生产和销售的企业必须建立食品追溯体系，对原料、生产、加工、包装、贮存、运输等各环节进行记录和管理。如果发现食品问题，能够快速、准确进行溯源，并采取有效措施进行解决。

食品召回制度：塞拉利昂政府要求所涉及的食品企业必须建立健全的食品召回制度，对发现食品安全问题或者质量缺陷的产品进行下架、封存、销毁或退货处理。企业应及时向有关部门和消费者发布食品召回通知，并在规定时间内完成召回工作。

日常监督检查：塞拉利昂政府对食品生产企业采取定期和不定期的检查和抽样检测，对于发现问题的企业，要求立即整改，并进行重新审核认证。

整合监管系统：塞拉利昂政府正在推进食品安全监管信息化建设，通过整合检验检疫、食品药品监管、质量监督等部门信息，建立信息共享平台，加强对食品安全的监控和管理。

加强消费者权益保护：塞拉利昂政府鼓励消费者参与食品安全监管，完善消费者投诉举报渠道，加强对投诉举报信息的处理和反馈，确保消费者的权益得到及时保障。

这些措施有效地提高了食品安全监管的水平，保障了消费者的健康和权益，并促进了食品行业的健康发展。

（3）动物疫情疫病防控体系

塞拉利昂在动物疫情疫病防控体系方面建立了一套完善的食品安全监管制度，主要包括以下几个方面。

疫苗接种制度：塞拉利昂政府规定所有家畜必须按时接种各类疫苗，对于疫区和易感地区的家畜，塞拉利昂政府还会发布有针对性的疫病防控措施和管理要求，确保动物健康。

动物检疫制度：塞拉利昂政府建立了严格的动物检疫制度，对从境外进口的动物及其产品进行检疫，防止病原体和疫情从国外输入。同时，政府还加强对境内动物疫情的监测，一旦发现疫情，就会采取及时有效的措施进行处置，防止疫情扩散。

疫情预警系统：塞拉利昂政府建立了动物疫情预警系统，及时监测和报告疫情信息，为政府和消费者提供决策参考和安全保障。

屠宰业管理要求：塞拉利昂政府规定屠宰企业必须按照动物卫生要求进行操作，在标准化流程、卫生规范、设施设备等方面都有详细的管理要求。

食品原材料监管：塞拉利昂政府建立了严格的食品原材料监管制度，要求所有从事食品生产和销售的企业必须经过政府检验认证，确保使用的食品原材料不含有害物质，保障食品安全。

六、尼日利亚

（一）尼日利亚食品安全监管机构概况

尼日利亚国家食品和药品管理局[①]（National Agency for Food and Drug Administration and Control，NAFDAC）是尼日利亚联邦政府下属的一个机构，负责监管所有在尼日利亚市场销售的食品、药品、化妆品、医疗器械及其他相关产品的注册、监督、认证与控制。同时，该机构还负责确保国内生产的食品和药品安全可靠，以及禁止或限制非法的进口和销售行为。

尼日利亚标准组织委员会[②]（Standards Organization of Nigeria，SON）是尼日利亚联邦政府下属的一个机构，负责制定、修订和实施尼日利亚的标准与规范。同时，该机构还负责检验和认证所有在尼日利亚市场销售的工业、商业与消费品的质量及安全，并制定相关的技术规范和评估标准。

尼日利亚联邦农业和农村发展部[③]（Federal Ministry of Agriculture and Rural Development，FMARD）是负责监督和协调尼日利亚国家农业与农村发展计划的一个政府机构，其职责包括提高农产品收成和增加种植面积、制定和实施农产品市场与价格政策、加强农民培训和技能提高以及开展农业与农村基础设施建设等。

[①] https：//www. nafdac. gov. ng/
[②] https：//son. gov. ng/
[③] http：//fmard. gov. ng/

　　尼日利亚主要的食品安全监管机构是尼日利亚国家食品和药品管理局、标准组织委员会、联邦农业和农村发展部等，其中一些机构是中央政府管理的，而另一些则是地方政府管理的。这些机构都是负责确保尼日利亚的食品安全和卫生方面得到严格监管与有效管理的重要机构。

（二）尼日利亚食品安全法律法规及标准体系概况

1. 法律法规

《尼日利亚食品禁止与不妥协物品管理法案》① ［Food，Drugs and Related Products（Registration，Etc）Act］规定了针对食品、药品和其他相关产品的注册、控制与监督制度。同时，该法案还规定了一系列规范和标准，以确保制造的产品符合质量和安全要求。

《尼日利亚国家食品和药品管理局法案》② ［National Agency for Food and Drug Administration and Control（NAFDAC）Act］创立了尼日利亚国家食品和药品管理局，并赋予其在对食品和药品进行注册、监管与控制方面的权力。同时，该法案规定了产品标签和包装的要求、产品检验与抽样程序以及处罚措施等。

《尼日利亚标准组织法案》③（Standards Organization of Nigeria （SON）Act）成立了尼日利亚标准组织，并规定了产品质量标准和认证程序。同时，该法案还规定了标志和标记的使用要求、检验与测试程序，以及惩处违规行为的措施。

《尼日利亚食品及饮料法案》④（Food and Beverage Law）旨在确保尼日利亚食品和饮料行业的质量与安全。同时，该法案还规定了产品标

---

① http：//www. nigeria-law. org/Food，% 20Drugs% 20and% 20Related% 20Products% 20（Registration，% 20Etc. ）% 20Act. htm

② http：//www. nigeria-law. org/National% 20Agency% 20for% 20Food% 20and% 20Drug% 20Administration% 20and% 20Control% 20Act. htm

③ http：//www. nigeria-law. org/Standards% 20Organization% 20of% 20Nigeria% 20Act. htm

④ https：//www. nass. gov. ng/document/download/8588

签和包装要求、产品检验与抽样程序以及处罚措施等。

以上是尼日利亚与食品相关的主要法律法规，它们为尼日利亚的食品监管和控制提供了法律支持与指导，以确保公众获得高质量、安全和可靠的食品与药品。

2. 食品安全标准

尼日利亚国家标准化机构制定了一些关于食品安全的标准，包括规定食品中允许含有的微生物数量，如细菌、霉菌等，以及食品中允许存在的农药残留量、重金属限量等。

油脂和油制品质量标准：这个标准规定了油脂和油制品的质量要求，以及包装、标记和运输等方面的要求。这些要求包括油脂和油制品的酸价、过氧化值、游离脂肪酸、饱和脂肪酸、不饱和脂肪酸等指标。

果汁和果汁饮料质量标准：这个标准旨在确保果汁和果汁饮料的质量与安全。这个标准规定了果汁中允许含有的添加剂和色素种类、使用量等。

食品添加剂使用标准：这个标准规定了食品添加剂的使用范围、使用量和使用条件等，以及允许使用的食品添加剂种类。

生鲜水果和蔬菜质量标准：这个标准规定了生鲜水果和蔬菜的质量要求，包括色泽、形状、大小、坏疤、虫害等。

此外，尼日利亚还有其他一些与食品安全相关的标准和指导，如肉制品、乳制品、谷物及其加工品等。

在保障食品安全方面，尼日利亚制定了多个包括微生物限量、农药残留、重金属限量、添加剂使用等在内的标准，这些标准覆盖了食品制造、运输、储存和销售等各个方面，以确保食品质量和安全。

（三）尼日利亚进出口食品安全监管体系概况

1. 进出口食品安全监管制度

（1）企业管理

尼日利亚政府对于进出口的食品进行了监管，并且制定了一系列标准和规定，以确保其安全和质量。

进口和出口许可证制度：尼日利亚政府要求所有食品进口商及出口商，必须获得相关的进口或出口许可证才能从事食品贸易活动。这些许可证的申请和发放需要符合政府规定的标准与程序。

食品出口认证制度：为了确保出口食品符合目的地国家或地区的标准和规定，尼日利亚政府要求对所有出口食品进行检验和认证。这些认证通常由认证机构或检验机构进行。

检验和检疫制度：尼日利亚政府对所有进口食品实行严格的检验和检疫制度，以确保其符合尼日利亚的相关标准和法规。所有食品从海关入境后必须进行检验，不符合标准的食品将被扣留或销毁。

食品生产企业管理制度：尼日利亚政府要求所有食品生产企业必须遵守相关的法律法规和标准。食品生产企业必须经过认证才能获得营业执照，而且必须遵守食品卫生和安全相关的要求，并接受定期检查和审核。

食品标签和包装规定：尼日利亚政府规定，所有进口和出口食品不仅必须标注正确的产品名称、原产地、配方、有效期、贮藏方法等重要信息，而且包装必须符合相关标准。

（2）进出口产品通关监管

尼日利亚政府在进出口产品通关监管方面实行了一系列制度以确保食品安全。

进口通关检验：所有进口食品都必须通过海关进口通关检验，海关需要检查货物是否符合当地的标准和规定，如果食品不符合要求，则会被扣留或销毁。

进口食品认证：尼日利亚政府规定，所有进口食品必须获得认证，确保其符合该国食品安全标准。认证通常由专业机构或部门进行，在申请认证时，企业需要提交食品质量、卫生检测数据及其他相关证明文件。认证通过后，食品将被允许进入尼日利亚市场。

进口食品许可证：与进口食品认证相似，进口食品许可证是企业必须获得的另一个必要证明。企业需要向政府部门提交有关申请，包括提供产品信息、质量信息、配料表等。

出口食品检查：尼日利亚政府规定，所有出口食品必须经过检查确保其符合当地标准，并且批准出口。包括对食品的组成、成分、质量、卫生等方面进行检查。

2. 食品安全监管制度

（1）食品生产过程管理

尼日利亚政府在食品生产过程管理方面实行了一系列制度以确保食品安全。

食品生产许可证：所有从事食品生产的企业必须获得政府颁发的食品生产许可证，才能合法从事食品生产业务。申请人需要提交各种相关文件，如生产设备、质量控制计划及其他相关资料。

环境卫生检查：政府部门会定期检查食品生产企业的环境卫生情况，以确保生产工厂符合食品安全标准。

产品质量分析：政府部门会对食品进行抽样检测，以检查食品中是否有不符合标准的成分和微生物污染等问题。如果产品质量不达标，那么企业可能被撤销许可证，将不能再生产该类产品。

食品标签和包装：政府规定，食品标签必须遵循一定的格式和规定，标示清楚食品成分、生产日期及保质期等信息。此外，包装材料还必须符合食品接触材料的质量标准。

（2）食品溯源及召回制度

尼日利亚在食品溯源和召回方面实行了严格的监管制度，以确保食品安全。

食品溯源制度：政府规定，每批次进口的食品都必须标注清楚产品的来源地、生产厂家、运输商、运输途径等信息。这些信息既可以帮助政府部门追查食品质量问题，也能帮助消费者了解食品的真实情况。

食品召回制度：政府规定，如果发现某一批次食品存在安全隐患，相关部门则会通知企业立即停止销售并召回产品。政府会对产品进行检测并发布警报通知，以便企业采取相应的措施。

食品投诉机制：政府建立食品投诉热线，让消费者可以随时向政府部门反映食品质量问题。政府部门会对所有食品投诉进行调查，并加大对食品生产企业的监管力度。

跨部门合作：加强政府部门之间的合作，以便更好地执行食品安全监管制度。例如，卫生部门、农业部门、环境保护部门等各个部门都会联合行动，共同检查食品生产企业的环境卫生和产品质量。

（3）动物疫情疫病防控体系

尼日利亚在动物疫情疫病防控方面，实行了一系列严格的监管制度，以确保食品安全。

动物疫情监测：政府部门定期对各地区的动物进行监测，以便发现可能存在的疫情和疫病。如果发现动物存在疫情或疾病，政府则会立即采取措施，避免疫情扩散。

疫苗接种：政府规定，所有动物必须接受相应的疫苗接种，以预防各种常见的疫病。政府部门会定期检查动物疫病防控情况，并对接种疫苗的动物进行标识。

动物检疫：政府规定，所有进口的动物必须接受检疫，以预防动物疫病传播。进口动物需要在指定的检疫场所接受检疫，并在通过检疫后方可放行。

动物及其产品流通监管：政府部门会对动物及其产品的流通情况进行监管，以确保符合各项法规标准。同时，政府也会对动物屠宰和加工企业进行检查与审批，避免出现安全问题。

这些制度都是为了确保尼日利亚生产的食品符合质量和安全标准，以保护消费者的权益。

七、加纳

（一）加纳食品安全监管机构概况

加纳的主要食品安全监管机构是加纳食品和药品管理局①（Food and Drugs Authority，FDA），成立于 1992 年，该机构的职责包括制定、实施和监督各种与食品和药品相关的法规及政策，以确保公众的健康和安全。

加纳食品和药品管理局主要负责审批和发放食品和药品的注册与许可证，并对生产、销售和分发过程进行监督与审核，以确保产品符合质量和安全标准；监督与控制食品和药品的生产、包装、运输及贮存，以确保其品质和安全；对食品和药品进行检测和审查，以确保其质量、卫生和安全性符合相关标准；审查及核准食品和药品的标签与广告内容，在确保真实性、准确性和及时性的前提下，保护消费者权益。

加纳食品和药品管理局下设多个职能部门：

食品注册与许可部门：主要负责审核和批准所有进口和国内生产的食品及包装材料的注册与许可证。

药品注册与许可部门：主要负责审核和批准所有进口和国内生产的药品及其包装材料的注册与许可证。

食品检测和质量控制部门：主要负责对所有进口和国内生产的食品进行检测、监督和控制，确保其品质和安全符合相关标准。

药品检测和质量控制部门：主要负责对所有进口和国内生产的药品进行检测、监督和控制，确保其品质和安全符合相关标准。

食品安全教育和宣传部门：主要负责开展公众教育和宣传活动，提

---

① https：//www.fdaghana.gov.gh/

高公众对食品和药品安全的认识与意识。

食品和药品法规部门：主要负责制定和修改相关食品与药品法规及政策，保证其与国家标准和国际标准接轨。

综合管理部门：主要负责协调调度其他部门的工作，以及监督和审核各部门的日常工作情况。

在中央层面，加纳食品和药品管理局直接隶属于卫生部，受卫生部长管辖。在地方层面，加纳食品和药品管理局设有多个分支机构，包括各省市食品药品监督管理局和技术中心等，从而实现中央与地方的有机衔接。

目前，加纳食品和药品管理局机构设置完备，人员数量逐年增加。其中，高级管理人员主要来自公共卫生、医学、化学等领域，技术人员则来自各种科学和工程背景，如生物学、化学、药学等相关专业。总体上，加纳食品和药品管理局的专业人员队伍规模不断壮大，专业素质不断提升。

除加纳食品和药品管理局外，加纳还设有其他一些监管机构，以确保各种产品和服务的质量与安全。

加纳标准局①（Ghana Standards Authority，GSA）负责制定和实施国家标准，以确保各种产品和服务的质量与安全。

加纳海关局②（Ghana Revenue Authority-Customs Division，GRA）负责对进口和出口的货物进行监管与检查，以确保其符合相关法规和标准。

（二）加纳食品安全法律法规及标准体系概况

1. *法律法规*

在加纳，食品相关的主要法律法规包括以下几个：

---

① http：//www.gsa.gov.gh/
② http：//www.gra.gov.gh/customs

《食品药品法》于 1992 年修订通过，是加纳监管食品和药品的主要法律。该法律规定了对食品和药品的生产、进口、销售与分发的监管机制，以确保食品和药品的质量与安全。

《加纳标志法案》是关于产品和服务质量标准的法规，它为所有产品和服务制定标准，包括食品。该法案要求所有食品生产商和进口商必须符合标准。

《环境卫生系统管理条例》规定了从采购、加工、处理到运输、销售环节中食品安全和卫生的要求。此外，该条例还规定了从业人员的培训和卫生要求，以及对违反食品安全规定的罚款和处罚。

总体而言，加纳的食品相关法律法规旨在确保食品的质量和安全，并保护消费者的权益。这些法律法规的实施可以促进食品行业的健康发展，并增强消费者对食品的信心。

2. 食品安全标准

《食品添加剂标准》规定了允许使用的食品添加剂类型和数量的范围，以及必要的标识要求。该标准旨在确保食品添加剂不会对消费者健康造成威胁。

《食品标签标准》规定了在食品包装上必须使用的标签信息，包括食品名称、成分和营养信息等。此外，该标准还规定了标签内容的具体要求，以确保消费者能够准确了解所购买食品的信息。

《食品检验标准》规定了食品的检验方法和标准，包括物理化学指标、微生物指标、重金属和有害物质残留等方面，以确保食品的质量和安全。

《食品加工和储存标准》规定了在食品加工和储存过程中的卫生要求、设施设备要求以及员工培训与管理等方面，以确保食品加工和储存环境的卫生与安全。

《食品进口标准》规定了食品进口的程序和相关要求，包括申请进口许可、检验检疫等程序要求，以确保进口的食品符合当地标准和法规。

（三）加纳进出口食品安全监管体系概况

1. 进出口食品安全监管制度

（1）企业管理

加纳在企业管理方面的进出口食品安全监管制度包括以下几个方面。

进出口许可证：所有进口与出口食品必须获得加纳食品和药品管理局颁发的许可证，以确保符合当地的标准和要求。同时，加纳政府还要求所有进口食品必须获得质量检验部门的认证。

食品检验和检疫：所有进口与出口食品都必须经过严格的检验和检疫程序，以确保符合加纳的标准和法规。入境的进口食品需要接受卫生、质量、重量、尺寸等多方面的检查和评估，以确认其符合标准。同时，出境的食品也需要进行类似的检查和评估以确保满足目标市场的需求。

处理投诉和回收：加纳政府为消费者提供投诉机制，以便他们可以报告不符合标准的食品。如果发现任何问题，加纳食品和药品管理局则会追溯食品流通系统并采取必要措施，如撤回食品或者对销售假冒伪劣食品的企业进行罚款或起诉等。

食品标签和包装：所有进口和出口食品必须符合加纳的食品标签与包装规定，以便消费者了解食品的成分、产地、保质期、营养成分和其他重要信息。这有助于确保消费者的权益得到保护，并为消费者在购买过程中提供更多便利。

（2）进出口产品通关监督

①进口监管要求

加纳进出口食品通关监督涉及多个环节和多个部门，主要包括以下几个方面：

确认商品合规性：在进口前，首先需要确认所进口的商品是否符合加纳的相关法规和标准，包括检查商品是否属于禁止或限制进口的类别，以及是否需要特定的进口许可证或认证。

选择货代公司：选择一家专业的货代公司可以大大简化进口清关流程并提高效率。货代公司应具备丰富的操作经验和专业知识，能够协助企业处理报关、报检、运输等事务。

提交报关文件：进口商或货代公司需向海关提交一系列报关文件，包括海运提单或空运运单原件、经验证的出口发票、装箱单、进口报关单、进口商品分类和估价报告、完税证明、纳税人身份证号以及其他相关许可证和资格证明。其中，自 2019 年 1 月 1 日起，所有从中国出口至加纳的货物还需强制执行由目的港海关和标准局实施的产品符合性评定（EasyPASS）方案，随附一张产品符合性证书（CoC），以证明所进口的产品符合加纳相关技术法规和标准要求。

海关审核与查验：海关会对提交的报关文件进行审核，核实货物的品名、数量、价值等信息是否与实际情况相符，并检查货物是否符合加纳的进口法规和标准。海关可能会对进口的货物进行查验，查验方式包括扫描仪检验和手工检验。对于高风险货物，如非洲印花布（蜡染布），只允许经特定港口进口，并需全部人工查验。

缴纳税费：根据加纳的税法规定，进口货物需要缴纳关税、增值税、消费税等税费。进口商或货代公司需根据海关的要求，及时缴纳相关税费。

货物放行与提货：经过海关审核和查验后，如果货物符合所有要求，海关将发出放行通知。此时，进口商或货代公司可以前往港口或者仓库办理提货手续，并携带有效的提货单和身份证明文件。

②出口监管要求

电子货物跟踪号码/电子货物跟踪单（ECTN/SPN）要求：自 2023

年 11 月 1 日起，加纳财政和经济规划部宣布对所有运往加纳的货物（包括过境货物）必须获得强制性的 ECTN/SPN。托运人或其货运代理必须在装货港准备一份 ECTN/SPN 认证证书，每一份提单必须有一个 ECTN/SPN，所有运往加纳的提单上都必须注明 ECTN 号，否则船东将被罚款。

3. 食品安全监管制度

（1）食品生产过程管理

加纳在食品生产过程管理方面的安全监管制度有以下几方面。

食品生产许可证制度：加纳规定，所有食品生产企业必须获得有效的生产许可证才能进行生产活动。该制度可以确保生产企业具备必要的资质和能力，遵守相关的法律法规和标准，从而加强食品生产过程的监管。

严格的生产标准：加纳政府制定了一系列严格的食品生产标准和规范，以确保生产过程符合卫生、安全、质量等方面的要求。例如，制定了针对不同类别和品种的食品生产标准与规范，对于污染风险高，以及婴幼儿配方等特定食品，则设置了更加严格的安全标准和质量要求。

食品安全检测和监测系统：加纳政府建立了完善的食品安全检测和监测系统，包括对食品中微生物、重金属、农残等自然或人为污染因素进行检测。政府批准的检验机构对生产企业的食品进行抽检和监测，以确保食品达到规定的标准、质量要求和安全指标，遏制通过生产加工造成的食品污染和安全问题。

食品追溯体系：加纳政府实施了食品追溯体系，以记录和跟踪食品生产企业制造的每个批次的原料来源及生产过程。如果发现某个批次或企业的食品存在问题，政府则可以通过食品追溯系统精确地找到问题源头和受到影响的范围，采取相应的措施，及时消除食品安全隐患。

消费者参与监管：在加纳，消费者参与食品安全监管是一种重要的方式。政府组织开展消费者投诉受理和监督活动，通过市场监管、公开曝光等手段，提高消费者对于食品安全的知晓度和谨慎性，使得生产企业更为重视食品质量与安全问题。

（2）食品溯源及召回制度

加纳政府实施了严格的食品追溯体系，通过建立完整、可靠的食品生产记录和追溯信息库，记录食品的供应链信息，确保食品的质量与安全。一旦发现食品安全问题，政府就可以快速定位、追溯问题，并采取相应的措施。

加纳政府设立了专门的食品安全监管机构，对食品行业进行全面监管。监管机构负责食品生产企业的审核、食品抽检、安全评估等工作，确保食品安全。

加纳政府实施了食品召回制度。一旦发现食品出现安全问题，食品生产企业就要立即向监管部门报告问题，并启动召回程序。政府监督召回过程，确保消费者权益不受侵害。

加纳政府倡导消费者有知情权，对于食品的来源地、生产企业、生产时间等信息进行公开。政府通过公开透明，增强消费者对食品的信任感和安全意识。

加纳政府通过加大对违反食品安全监管法规的企业和责任人的处罚力度，惩处严重违法行为，依法追究其相关法律责任，有效遏制了食品产业乱象。

（3）动物疫情疫病防控体系

加纳在动物疫情疫病防控体系方面的食品安全监管制度有以下几点：

加纳政府设立动物疫情疫病预警机构，采用现代化技术手段对动物疫情进行实时监测、分析和预警，及时发现并处理潜在的动物疫情疫病，有效预防和控制风险。

加纳政府建立动物疫情疫病监管体系，负责对动物进行监督检测、疫苗接种等工作，防止动物传染病扩散，确保动物的健康和生产能力。

加纳政府规定，对所有从事动物产品生产销售的企业必须通过政府检验合格才能上市销售。政府采取抽检、检疫等手段，严格监控动物产品的生产和销售环节，保障动物产品的质量和安全。

针对发现的动物疫情疫病，加纳政府采取隔离、消毒等措施，防止疫情扩散。政府对受影响的区域和企业进行严格管控，直到疫情得到根除。

加纳政府倡导动物疫情疫病信息公开，及时发布动物疫情疫病的预警信息和处理结果，提高公众的卫生意识和安全意识。

八、肯尼亚

（一）肯尼亚食品安全监管机构概况

肯尼亚食品药物管理局[①]（Kenya Food and Drug Administration，KF-DA）成立于 2009 年，隶属于肯尼亚卫生部。主要职责是负责监管、控制和批准肯尼亚国内销售的产品，保障公众健康和安全。KFDA 包括 10 个部门，如战略规划和政策部、质量管理和安全部、注册和评估部等，员工约为 400 人。

肯尼亚标准局[②]（Kenya Bureau of Standards，KEBS），成立于 1974 年，是负责制定、颁布和实施国家标准的机构，隶属于肯尼亚工业、贸易和合作发展部。其主要职责包括检测、认证和监管出口与进口产品的标准及质量。KEBS 包括 6 个部门，员工约为 1100 人。

肯尼亚动植物卫生检疫局[③]（Kenya Plant Health Inspectorate Service，KEPHIS），成立于 1996 年，隶属于肯尼亚农业、畜牧业和渔业部。其

---

① https：//www.pharmacyboardkenya.org/

② https：//www.kebs.org/

③ http：//kephis.org/

主要职责是保障动植物、渔业和森林健康和安全，防止疫病和有害生物进入肯尼亚以及促进对外贸易。KEPHIS 包括 11 个部门，员工约为500 人。

肯尼亚共被划分为 47 个县，每个县设有卫生部门，负责监管本地区的食品和药品安全、卫生条件等方面的工作。县级卫生部门的员工数量因地区而异，通常在几十人左右。

（二）肯尼亚食品安全法律法规及标准体系概况

1. 法律法规

肯尼亚的食品法律法规包括多个方面，从制定和推广食品标准，到监管食品进口、生产和销售等。

《肯尼亚食品药物管理局法案》于 2008 年通过，旨在打造健康食品市场，保障提供给消费者的食品及药品的安全、疗效和质量。该法案设立了肯尼亚食品药物管理局，负责食品和药品的注册、授权、许可和监管等事务。

《肯尼亚国家标准法案》于 1974 年通过，旨在推广制定和执行产品标准。该法案设立了肯尼亚标准局，负责制定和推广食品标准，以确保食品品质和安全达到相关规范与标准。

《食品、药物和化妆品法令》规定了对进口及销售食品、药品和化妆品的管理与监管，以保证消费者的安全和健康。该法令规定了进口商、流通商和销售商需要进行的检查、许可和注册等程序，以及各类违规行为所需承担的责任和惩罚。

《肉类、家禽肉、肉制品和肉制品加工厂管理法令》是针对养殖、屠宰和销售肉类、家禽肉、肉制品和肉制品加工厂进行管理与监管。该法令规定了这些企业需要遵守的卫生标准和程序，以确保产品安全和卫生。

《食品添加剂法令》规定了添加剂在食品中的使用，涉及添加剂的种类、数量和使用限制等方面，以确保添加剂对人体健康不会造成太大影响。

2. 食品安全标准

食品安全管理系统要求规定了食品企业建立和实施食品安全管理体系的要求，包括对食品生产、加工、包装、运输、存储和销售等全过程的控制与管理。

《菌落总数及酵母和霉菌计数方法》规定了食品中微生物菌落总数、酵母和霉菌计数的检验方法和要求，以评估食品的微生物卫生安全。

《食品添加剂用途》规定了食品添加剂的使用范围、限量和安全性评价要求，以保障食品添加剂对人体健康的安全。

《瓶装饮用水规格要求》规定了瓶装饮用水的物理、化学和微生物指标要求，以保证其卫生安全性。

《食品中致癌物质的分析方法》规定了食品中致癌物质如苯并芘、丙烯酰胺和氯丙酮等的检测方法与要求，以控制食品中致癌物质的含量。

以上仅是肯尼亚食品相关标准的一小部分。此外，肯尼亚还有许多其他与食品相关的标准，如肉制品、家禽肉、乳制品、谷物及其制品等方面的标准。这些标准旨在确保食品的卫生安全、营养合理、食品添加剂正确使用等方面的问题得到控制和管理，保障公众的健康和安全。

（三）肯尼亚进出口食品安全监管体系概况

1. 进出口食品安全监管制度

（1）企业管理

肯尼亚对进口、出口食品的监管主要由肯尼亚标准局负责实施。其监管涉及企业管理、产品检验及认证等多个环节，具体包括以下几个方面：

凡是在肯尼亚境内从事食品生产、加工、包装、运输和销售等活动的企业，必须进行注册并获得相应的许可证，此外，还需遵守相关的法律和法规。

肯尼亚政府要求所有进口到肯尼亚的食品必须经过检验，并符合肯尼亚食品规定的标准，否则将被禁止进入肯尼亚市场。肯尼亚标准局会对进口食品进行抽样检验，并根据检验结果发布检验报告。

为了确保出口到其他国家的食品符合目的地国家的食品标准和法规，肯尼亚政府也制定了各种出口认证制度和协议，旨在帮助企业获得相应的认证和许可证。

肯尼亚政府为从事食品生产、销售和监管的人员提供各种培训，以提高他们的食品安全意识和专业能力，提高他们对食品安全管理的认知和质量控制水平。

（2）进出口产品通关监管

肯尼亚政府要求所有进口和出口的食品必须进行检验与鉴定，以确保其质量、安全和健康。该项工作由肯尼亚标准局负责，肯尼亚标准局检查员会对进口和出口的每批货物进行检测，以确保其符合国家或地区的标准、质量和健康要求。此外，肯尼亚政府也会随机对进口和出口的货物进行抽样检测，并将结果公布在肯尼亚标准局网站上。

为了确保进口和出口的食品符合肯尼亚食品法规的要求，该国开展了进出口产品的认证和审核工作。具体来说，肯尼亚规定所有食品进口商都必须向肯尼亚标准局申请产品认证，证明他们的产品符合当地的质量和安全要求。同时，出口商也需要在其出口产品的目的地国家获得相应的市场准入证明和认证，以确保其产品符合目的地国家的法规和标准要求。

肯尼亚政府要求所有进口和出口的食品必须在标记与包装方面遵守

相关的法规及标准。具体来说，该国规定所有进口和出口的食品必须正确标注产品名称、产地、成分、保质期与使用方式等信息，并采用合适的包装材料和方法，以确保产品的安全、卫生和保鲜性。

为确保进口和出口的食品符合相关的法规与标准，并能够及时发现和处理任何质量与安全问题，肯尼亚政府采取了监测和追溯措施。据此，该国实施全程追溯制度，要求出口商和进口商记录产品的生产、加工、运输与销售情况，以便在任何可能的食品安全事件发生时能够追溯并采取相应的措施。此外，肯尼亚政府还定期对进口和出口的食品进行抽样检测，以确保其符合当地的质量和安全标准。

2. 食品安全监管制度

（1）食品生产过程管理

肯尼亚政府在食品生产过程管理方面的食品安全监管制度主要包括以下几个方面。

肯尼亚政府建立了认证机构，通过对食品生产企业进行严格的质量体系认证，确保企业生产和加工的食品符合国家与行业标准。

针对涉及安全的食品生产企业，肯尼亚政府对其进行严格监督，需要取得生产许可证才能进行生产和销售。

肯尼亚政府对食品生产过程中的每个环节都进行严格的监管，在原材料采购、生产加工、储存运输等环节都有相应的控制和要求，并采取必要的措施，防范食品生产过程中的各种食品安全问题。

肯尼亚政府制定了一套完整的法规和标准，规定了食品生产过程中所需要满足的各项条件和指标，以确保食品的安全和质量。

对于投诉相关的食品安全问题，肯尼亚政府会依据相关法规和标准进行处理，并追究相应的责任，以保证消费者的权益。

（2）食品溯源及召回制度

肯尼亚政府建立了完善的食品溯源体系，确保对所有食品生产环节的监控和记录。从原料采购、生产加工到分销，对每个环节都需要进行溯源管理。

肯尼亚政府会根据食品生产过程及相关环节的风险分析结果，对食品进行定期或不定期的抽样检验，以确保食品质量和安全。一旦发现食品存在安全问题，肯尼亚政府就会启动紧急召回机制，立即通知相关企业召回有关产品。

肯尼亚政府的食品溯源及召回制度是公开透明的，包括公告、通报、网站等多种方式，旨在保障消费者权益，提高公众对食品安全的认识和警惕性。如果企业没有履行召回义务或未能按时提交相关信息，肯尼亚政府则将对其进行严惩，并追究其责任。

肯尼亚政府在食品溯源及召回制度方面的安全监管制度具有科学性、高效性、公开透明等特点，旨在确保食品生产、销售环节中任何一环节出现问题能及时发现和处理，以保障消费者的权益和健康。

（3）动物疫情疫病防控体系

肯尼亚政府建立了完善的动物疫情疫病预警和监测网络，对动物及其产品进行监测和检测，及时发现扩散的动物病害或疫情信息。

肯尼亚政府积极开展动物疫苗预防接种工作，加强预防措施，减少疫情和疾病的传播，保护动物健康。

肯尼亚政府对从事动物产品生产、销售等的企业进行严格的质量检验，确保农产品安全。对于那些超出安全标准的产品，肯尼亚政府采取措施要求限制销售，以降低对公众健康的威胁。

肯尼亚政府建立了全国动物疫情防控体系，对重点区域和疫区实行封锁，严控动物及其产品的流通，进而防止疫情和瘟疫的传播。一旦发现动物疫情或疫病，肯尼亚政府则会立即采取措施，启动应急预案，进行紧急处置，确保问题得到及时控制和处理。

肯尼亚政府在动物疫情疫病防控体系方面的食品安全监管制度具有

科学性、高效性、公开透明等特点，旨在保障农产品健康、安全，防止疫情和疾病的传播，保障公众健康和安全。

九、南苏丹

（一）南苏丹食品安全监管机构概况

南苏丹主要的食品安全监管机构是南苏丹食品和药物管理局①（South Sudan Food and Drug Authority，SSFDA），南苏丹食品和药物管理局是负责监管南苏丹国内所有食品和药品的安全性与质量的机构。其职责包括制定、实施和执行监管标准与法规，审批和监管所有食品及药品的生产、进口与销售，进行食品和药品的抽样检测以确保产品质量与安全。

南苏丹食品和药物管理局的中央组织架构包括以下岗位。局长：负责领导该机构，制订战略计划，并监督和指导下属工作人员。管理员：负责日常管理、预算分配、与其他政府机构合作等事宜。法律和监管部门：负责制定和执行监管法规、政策和标准。食品检验部门：主要负责食品质量和安全检测，审批食品规格。合规及信息管理部门：负责监督药品生产、质量控制等，并负责相关资料管理。

南苏丹食品和药物管理局在全国范围内设有分支机构和地方办事处，以执行中央政府对食品和药物监管的政策。这些分支机构主要负责当地的食品安全监管工作，包括对当地的生产企业、销售渠道和流通环节进行监督与巡查，确保所有的食品都符合国家和国际标准。

南苏丹食品和药物管理局目前的人员情况尚未有权威的数据披露，但该机构正致力于加强部门的人员规模和专业化程度，以更好地确保食品和药物的安全与质量。

---

① http：//www.ssfda.gov.ss/

除了南苏丹食品和药物管理局，南苏丹还有其他重要的食品安全监管机构：

南苏丹标准和测试局① （South Sudan Standards and Testing Bureau，SSTB）负责制定南苏丹国家标准，以确保食品、药物及其他产品的质量与安全达到国家和国际标准。同时，它还提供有关产品规范的咨询服务，对不符合标准的产品进行检测和认证等工作。

（二）南苏丹食品安全法律法规及标准体系概况

1. 法律法规

《南苏丹食品和药物管理局法》于 2014 年通过，授权南苏丹食品和药物管理局负责监管食品和药物的质量、安全与有效性，并规定了生产、进口、销售及使用食品和药品的程序与要求，以确保公众的健康和安全。

《南苏丹卫生部长令》规定了关于食品和营养方面的一些标准与规范，如南苏丹婴儿食品标准等。

《南苏丹食品安全政策和战略文件》于 2016 年出台，旨在制定南苏丹食品安全的政策、战略和措施，加强食品安全监督和管理，提高食品安全意识和素质。其中明确规定需要建立全国食品安全委员会，以协调各部门和机构的合作，加强食品安全工作的协调和配合。

《南苏丹商业法典》规定了商业活动的各种规范和程序，其中包括食品和药品销售与贸易的要求及标准。

总体上，南苏丹的食品安全法律法规还需要进一步完善和强化，以保障公众的健康和安全。政府需要加大投入力度，加强食品安全管理和监督，提高生产、经营者和公众的食品安全素质，为国家的发展和人民的福祉提供有力的保障。

---

① http：//www.sstb.gov.ss/

2. 食品安全标准

《食品安全管理体系要求》规定了食品安全管理的基本要求和实施方法，包括食品生产、加工、销售等各个环节的安全管理。

《食品添加剂使用标准》规定了食品添加剂的分类、使用和限量等要求。该标准对食品添加剂的种类和用量都做了详细的规定，以确保食品的安全和合规。

《食品包装材料和容器食品接触材料的使用标准》规定了食品包装材料和容器的安全使用标准，包括食品包装材料和容器的物理、化学特性、卫生要求、标志与标签等方面的要求。

《食品检验与检测方法》规定了食品检测和检验的基本方法及技术要求。该标准适用于对食品中的有害物质进行检测和分析的检验机构与单位，以确保食品的安全和质量。

另外，南苏丹的食品相关标准还比较薄弱，需要进一步完善和加强标准化工作，提高食品的质量和安全水平，为公众健康提供更好的保障和支持。

（三）南苏丹进出口食品安全监管体系概况

1. 进出口食品安全监管制度

（1）企业管理

南苏丹政府通过制定《食品与药品法》等相关法律法规来规范食品生产企业和进出口企业的经营行为。食品生产企业需要进行严格的许可和备案，同时要建立食品安全管理体系，保证生产过程中的卫生安全和质量合格。进出口企业需要申请进口和出口的许可证，并接受相关部门的监管和检验。

南苏丹政府通过建立进口食品安全管理系统来加强对进口食品的监管。该系统包括监测、检测、评估等多个环节，确保进口食品符合南苏丹的相关标准和法律法规要求。同时，南苏丹政府还会对进口食品进行抽检和检测，确保食品的安全和合规。

（2）进出口产品通关监管

所有进出口企业需要在通关前，向南苏丹海关和食品安全监管机构提供必要的进出口产品相关信息，包括商品名称、规格型号、生产日期、保质期、生产企业信息以及产地证明等内容。

针对进口食品，南苏丹海关和食品安全监管机构会进行全程检验，对所有进口食品进行抽样和检测，检查其是否符合南苏丹的食品安全标准和目标国家的进口标准与法律法规要求。对于无法通过检验的食品，南苏丹海关会立即进行退运并妥善处理。

南苏丹海关和食品安全监管机构要求，所有出口食品必须符合目标国家或地区的相关标准和法律法规要求。出口食品需要接受检验和监管，并由专门的出口食品质量认证和检测机构进行检测与评估，以确保食品符合南苏丹出口要求和目标国家或地区的进口要求。

南苏丹海关和食品安全监管机构会通过各种手段，如调查、抽检、反馈机制等，对进出口企业的合规情况进行持续动态监控和管理，发现违规行为及时采取相应措施，保障进出口食品的质量和安全。

2. 食品安全监管制度

（1）食品生产过程管理

南苏丹政府规定，所有食品生产企业必须持有生产许可证，经过食品安全监管机构认证和审核后方可获得。政府将对食品生产企业的设备、生产环境、人员素质、原材料、产品质量等各个环节进行严格监管，以确保生产过程符合相关标准和法规要求。

南苏丹政府对食品生产过程中的每个环节都制定了规范化操作规程，明确了生产操作规范、生产流程控制、地面和空气污染控制、应急预案等方面的要求。

南苏丹政府通过建立"从田间到餐桌"的质量追溯体系，对食品生产过程中的原料来源进行全程追溯和监控，以保证原材料的质量稳定和食品的安全可追溯性。

南苏丹政府强制要求所有食品生产企业对自身生产的产品进行抽检，确保产品符合国家、地区及目标市场的食品安全标准和质量要求。

南苏丹政府规定，如果发现生产过程中出现不良现象或产品存在安全问题，企业则应及时启动食品召回程序，并向有关部门主动汇报相关情况，最大限度地降低食品安全风险。

总体来说，南苏丹在食品生产过程管理方面的安全监管制度十分完善。政府通过建立严格的生产许可证制度、规范化管理要求、原料控制、检验检测以及食品召回制度等方式，保证对食品生产企业进行生产过程监管和各个环节进行质量控制，进而提高南苏丹食品的安全水平。

（2）食品溯源及召回制度

食品溯源及召回制度是保障食品安全的重要手段，南苏丹积极推进了监管制度的建设。

南苏丹政府通过建立食品质量追溯体系，对食品生产过程、原材料采集、加工、流通等环节进行全程追溯，确保食品品质和安全。同时，政府还建立了食品成功案例库，记录了各个阶段可能出现的问题和处理方式，以便于在食品问题出现时能够得到快速反应和处理。

南苏丹政府规定，在发现食品安全问题后，企业有义务发布食品召回公告，并主动向相关部门汇报情况。政府将对食品召回程序进行监管，确保企业按照相关标准和流程进行召回，最大限度地降低食品安全风险。

南苏丹政府建立了完善的食品检验体系，对食品生产过程中的原材料、半成品和成品进行检验，并及时发布检验结果以提高公众的食品安全意识。如果发现问题，那么政府将采取相应措施，包括召回、下架和罚款等。

南苏丹政府不断提高食品安全监管的能力和技术水平，建立专门的食品安全监督机构，负责制定食品溯源及召回制度，实施监督检查和风险评估，提高食品安全监管的科学性和有效性。

（3）动物疫情疫病防控体系

南苏丹是一个农业大国，畜牧业和养殖业发展迅速。因此，南苏丹政府高度重视动物疫病的防控工作，建立了完善的动物疫病防控体系。

南苏丹政府对动物疫情的监测和预警非常重视。政府建立了动物疫病监测信息平台，通过采集监测数据和信息，及时对疫情进行分析和判断，并提出有效的防控措施。

南苏丹政府加强了动物疫病防控能力的建设，培训了大批专业人员，完善了相关技术装备与设施，提高了防控水平。同时，政府还制定了《动物疫病防治法》，规范了动物疫病防控工作。

南苏丹政府实施了大规模的动物疫苗接种计划，提高了畜禽的免疫力。同时，政府还加强了对动物疫苗的监督和管理，确保疫苗的质量和安全。

南苏丹政府在国境口岸、边境口岸和机场等重要地点建立了动物检疫站，实行"三重检查"，对出入境动物进行检疫。同时，政府还配备了现代化检测设备和技术，及时发现并隔离有疑似疫情的动物。

十、厄立特里亚

（一）厄立特里亚食品安全监管机构概况

厄立特里亚的主要食品安全监管机构是国家食品药品管理局（Eritrean Food and Drug Administration，EFDA）。该机构是该国食品安全法定监督机构，依托国家食品药品监督管理局，在履行相关职责时，由中央和地方两级组织共同负责。

国家食品药品管理局的主要职责包括：制定、实施食品安全和卫生标准，规定食品安全生产过程中的要求，对食品生产企业进行注册、核查和验收，监督食品生产过程中的质量和安全等。此外，该机构还负责对进口食品的质量与安全进行检验和监管。

在组织架构方面，国家食品药品管理局下设多个部门和分局，包括市场监管部门、食品安全检测部门、药品管理部门、保健品管理部门等。这些部门和分局负责不同领域的食品安全监管工作，并协同配合完成全国范围内的食品安全监管任务。

国家食品药品管理局共有约 100 名专业人员，其中包括工程师、医生、检测师等。这些人员都接受过系统的培训和职业技能提升，具备较高的专业素质和实践能力。

除国家食品药品管理局外，厄立特里亚还有其他一些职责与食品安全保障相关的部门和机构，如工商局、标准化机构、检验检疫部门等。这些机构也都在不同程度上参与食品安全监管工作，为保障食品安全发挥着重要作用。

（二）厄立特里亚食品安全法律法规及标准体系概况

1. 法律法规

厄立特里亚《食品安全法》于 2005 年发布，规定了食品安全的基本原则、分类管理方式、食品安全标准、食品流通和监督管理等方面的内容。

《食品加工和贮存法》旨在确保食品加工和贮存过程中符合卫生标准与食品安全标准。

《农药法》规定了农药的生产、销售和使用必须符合标准，并明确了农药使用的审批程序和农药残留的检测标准。

此外，厄立特里亚还参与了国际食品安全领域的一些公约和协议，如《世界卫生组织国际食品法典》、联合国粮农组织的《农药残留标准》等。

2. 食品安全标准

厄立特里亚食品安全相关的标准涉及食品生产、加工、流通和消费等各个环节。

《食品添加剂使用标准》规定了食品添加剂的种类、使用量、使用范围、限量标准等内容，并详细说明了添加剂在食品生产中的应用程序和审批流程。

《食品检测方法》《食品安全抽检方法》等标准规定了食品检验和监测的方法、标准、检测设备与仪器等，以确保食品符合相应的安全标准。

《食品生产许可证管理办法》要求所有食品生产企业在获得许可证之前必须满足相关的生产设备、加工技术、卫生条件等方面的标准，以确保生产过程中的食品安全。

《食品流通管理条例》等标准规定了食品经营者应当遵守的一系列规则和要求，如食品进货、储存、销售、标识等方面的标准，以确保食品在流通过程中的安全。

（三）厄立特里亚进出口食品安全监管体系概况

1. 进出口食品安全监管制度

（1）企业管理

①进口食品安全监管制度

进口许可制度：厄立特里亚对进口食品实行许可制度。进口商在进口食品前，需要向相关部门申请进口许可，并提交相关证明文件，如产品检验报告、生产许可证等。

风险预警与应急处理：厄立特里亚建立了进口食品安全风险预警机制，对可能存在安全隐患的进口食品进行预警。一旦发现问题，相关部门会立即启动应急处理机制，采取必要的措施，如暂停进口、销毁不合格产品等，以保障消费者的健康和安全。

②出口食品安全监管制度

出口企业注册制度：厄立特里亚对出口食品生产企业实行注册制度。只有经过注册的企业才能生产出口食品。注册企业需要符合一定的条件和要求，如具备完善的生产设施、质量管理体系等。

（2）进出口食品通关监管

①进口监管要求

法律法规与标准：厄立特里亚对进口食品有严格的法律法规和标准要求。进口食品需符合厄立特里亚的食品安全国家标准，并经过出入境检验检疫机构的检验合格。同时，厄立特里亚还遵循双边协议、议定书、备忘录等文件，以及进口食品、食品添加剂检验有关适用标准问题的公告等规范性文件。

进口申报与文件要求：进口商需填写进口申请表，并由报关代理（或有报关执照的进口商自行办理）向海关申报。申报时需提供提单（空运时提供 AWB）、发票、装箱单、银行票据等文件。根据不同情况，还需向海关提供有关部门的批准或检验证明，如厄立特里亚卫生部的批准和检验证明。

检验检疫与卫生证书：厄立特里亚海关对所有进出国境的货物都实行监管，包括进口食品。进口食品需经过检验检疫，确保其符合厄立特里亚的食品安全标准和要求。检验合格后，海关会出具卫生证书，允许进口食品在厄立特里亚市场销售。

②出口监管要求

法律法规与标准：厄立特里亚出口食品也需遵守相关的法律法规和标准要求。出口食品需符合进口国的食品安全标准和要求，并经过出口国检验检疫机构的检验合格。

出口申报与文件准备：出口商需准备出口合同、发票、装箱单等文件。根据厄立特里亚海关的要求，还需提供其他必要的证明文件，如出口许可证等。

检验检疫与放行：出口食品需经过厄立特里亚检验检疫机构的检验检疫，确保其符合出口标准和进口国的进口要求。检验合格后，海关会出具放行通知，允许出口食品离开厄立特里亚。

关税与外汇管制：厄立特里亚对出口商品实行一定的关税政策。出口商需了解并遵守相关的关税规定。同时，由于厄立特里亚实行严格的外汇管制，出口商需确保货款能够及时、安全地汇回国内。

2. 食品安全监管制度

（1）食品生产过程管理

厄立特里亚在食品生产过程管理方面实行了严格的食品安全监管制度。

所有食品生产企业必须经过厄立特里亚国家标准与质量控制委员会的审批，只有获得生产许可证才能开展食品生产活动。

食品生产企业必须选择符合国家标准的食品原材料，对采购的原材料进行检验、认证和追溯管理等，确保原材料符合相应的质量和卫生要求。

食品生产企业必须建立科学的生产工艺控制程序，对生产过程进行有效的监督和控制，确保食品的安全、卫生和质量。

食品生产企业必须建立健全的卫生管理制度，包括生产场所、设备、人员卫生等方面的管理，确保生产过程中不会因卫生问题而影响食品的安全和质量。

食品生产企业必须将食品送往厄立特里亚国家标准与质量控制委员会的检验检疫机构进行检测，确保食品符合国家标准和质量要求。

以上是厄立特里亚食品生产过程管理方面的食品安全监管制度。这些制度的实施有助于规范企业生产行为，保障消费者的饮食安全，提高食品产业的质量和竞争力。

（2）食品溯源及召回制度

厄立特里亚在食品溯源和召回方面实行了严格的食品安全监管制度。

厄立特里亚建立了国家食品追溯系统，对于所有食品生产的相关信息进行记录和保存，可以追溯到食品生产的原材料、生产加工、流通销售等环节。一旦发现食品问题，则可以及时追溯到具体的生产企业和流通环节。

厄立特里亚建立了国家食品召回机制，对于发现的食品安全问题，会及时发布召回通知并组织召回工作，保证召回和处理工作的及时性和有效性。

厄立特里亚建立了食品安全信息公开制度，通过官方网站、媒体等渠道发布食品安全信息，包括食品安全事件的处理情况、食品抽检结果等，增强公众对食品安全问题的关注和监督。

厄立特里亚建立了执法监管制度，加强对食品生产企业和经营者的监督和管理，对违法违规行为进行查处，确保食品安全制度的有效性和权威性。

（3）动物疫情疫病防控体系

厄立特里亚在动物疫情疫病防控方面实行了严格的食品安全监管制度。

厄立特里亚建立了国家动物疫苗管理制度，对所有动物疫苗的生产、销售和使用都进行了严格的规范与管理。

厄立特里亚建立了国家动物检疫制度，对所有进入厄立特里亚的动物和动物产品进行严格检疫，并要求出口的动物和动物产品也必须符合相关的检疫标准与要求。

厄立特里亚建立了国家动物疫病报告和处置制度，对于发生的动物疫病情况要及时上报，并采取相应的处置措施，遏制疫情扩散和传播。

厄立特里亚建立了国家兽药管理制度，对所有兽药的生产、销售和使用进行了严格的管理与监督。

十一、利比里亚

（一）利比里亚食品安全监管机构概况

利比里亚的主要食品安全监管机构是利比里亚食品药品管理局①（Liberia Medicines & Health Products Regulatory Authority，LMHRA）。该机构成立于 2006 年，是利比里亚政府负责监管该国食品和药品的机构之一，也是执行有关药品、保健品和化妆品注册管理、控制和监督的主要机构。

利比里亚食品药品管理局的职责包括：制定和实施与食品和药品相关的政策、计划及标准；监督利比里亚国内的食品和药品，并确保它们符合本国和国际标准；注册和批准所有的食品、药品、保健品和化妆品；进行食品和药品质量检验与监督；处理涉及食品和药品方面的投诉与不良事件。

除了利比里亚食品药品管理局，利比里亚还有其他一些部门和机构负责食品安全监管，如国家标准局②（Liberia National Standards Laboratory，LNSL）负责制定、实施和监督各种标准以保障消费者权益与促进贸易；利比里亚食品协会③（Liberia National Food Association，LNFA）是利比里亚国内重要的食品行业协会之一，致力于促进该国的食品加工和贸易发展。

（二）利比里亚食品安全法律法规及标准体系概况

1. 法律法规

《利比里亚食品安全法》于 2011 年通过，旨在确保在利比里亚生

---

① http：//lmhra. gov. lr/

② http：//lns. gov. lr/

③ https：//www. facebook. com/Liberia-National-Food-Association-446560079534784

产、加工、包装、运输和销售的食品均符合安全标准。

《食品生产和贸易法》管理利比里亚食品生产和贸易活动，确保所有商业实体都遵守法规，从而保护消费者免受欺诈或不安全食品的危害。

《国家标准局法》授权利比里亚国家标准局制定和执行国家食品标准，确保所有食品符合国际认可的质量和安全标准。

《食品添加剂法规》规定了利比里亚允许使用的食品添加剂类型和限制条件，以确保其对人类健康没有影响。

以上法律法规的目的是保障消费者的权益，保障食品的安全，有效防止欺诈行为和提高食品的标准。

2. 食品安全标准

利比里亚制定了针对食品中添加剂使用的标准，包括允许的化学物质种类和用量、添加时间和条件，以及其他相关规定。

利比里亚制定了食品生产和包装标准，包括建议的生产线流程、厨房设备要求、卫生要求，以及适用于不同食品类型的包装材料。

利比里亚有关食品储存和运输的标准，包括温度、湿度、环境条件等，以确保食品在整个运输链条中处于最佳状态。

以上标准都是为了保障消费者的权益和食品的安全水平，利比里亚国家标准局是制定并执行这些标准的主要机构。

（三）利比里亚进出口食品安全监管体系概况

1. 进出口食品安全监管制度

（1）企业管理

利比里亚国家认证局对所有从其他国家进口或向其他国家出口的食品都要求获得进出口许可证。这些许可证在贸易伙伴之间签署的贸易协议中会进行规定。进出口许可证包括原产地证明、质量检验证书、卫生检验证书等文件。

进口食品必须符合利比里亚法律法规中有关食品包装和标签的规定，必须标明产品名称、原产地、生产日期、保质期等信息。此外，包装材料也必须符合相关标准，以确保食品安全。

在利比里亚境内销售的进口食品必须经过严格的检验。根据利比里亚国家标准局发布的《进出口食品安全检验实施细则》，进口食品必须进行外观、质量、安全等多个方面的检查，如有问题则需要退运或销毁。

进口食品需要获得食品安全证明，证明该食品符合利比里亚食品安全标准和法律法规的要求。商家必须向食品安全检验机构申请安全证明，并提交必要的检查材料。

总的来说，利比里亚在企业管理方面的进出口食品安全监管制度要求严格，以确保食品安全和公众健康。同时，利比里亚政府还持续改进和完善相关制度，加大监管和执法力度，提高国家的进出口食品安全水平。

（2）进出口食品通关监管

利比里亚在进出口食品通关监管方面，实行了一系列的进出口食品安全监管制度。

利比里亚政府设立了专门的机构对所有在利比里亚进口或生产的食品进行严格的市场准入审查，并对符合相关标准的产品颁发许可证。

利比里亚政府要求所有食品进口商、出口商和生产商必须通过资质认证，确保其符合相应的标准和法规要求。

所有进口食品都必须经过利比里亚海关进行检验，以确保其符合利比里亚食品安全标准、有关法规和标签要求。

利比里亚政府定期对国内市场中销售的食品进行抽检，以确保这些食品仍然符合标准和规定。

利比里亚针对那些违反进出口食品安全监管制度的企业和个人，将依据有关法规和标准给予相应的处罚，包括罚款、吊销许可证等。

以上制度是利比里亚在进出口食品安全监管方面所实施的措施，目的是确保进口食品符合利比里亚食品安全标准，降低食品安全风险，并保护消费者的健康和权益。

2. 食品安全监管制度

（1）食品生产过程管理

利用科技手段强化监管。利比里亚利用现代科技手段，如利用数据处理技术和人工智能等方法对食品生产企业进行追踪监控和数据分析等操作，以便快速发现食品安全问题并采取相应措施。

审查、审批、许可制度。利比里亚政府为食品生产企业设置了审查、审批和许可制度，保证其在开展食品生产活动时符合相关法规要求。

加强全产业链监管。利比里亚政府加强了对食品产业链各个环节的监管，包括原材料采购、生产、加工、运输、销售等环节，从源头上确保食品安全。

标签和包装要求严格。利比里亚政府针对食品包装和标签设立了严格的标准与要求，确保任何食品标签和包装都要清晰地标明其成分、生产日期、保质期等信息，使消费者能够更好地了解所购买食品的信息。

检验抽检制度。利比里亚政府在生产过程中实行了检验抽检制度，对不合格的食品进行及时处理，并对不符合标准的企业进行监管和处罚。

（2）食品溯源及召回制度

利比里亚政府重视食品溯源工作，建立了全国性的食品追溯体系。具体来说，利比里亚国家标准局要求所有进口至利比里亚的食品都必须标注原产地、生产商、批次等信息，以确保食品的可追溯性。

当发现问题食品时，利比里亚政府就会第一时间通知相关企业，并要求其采取召回措施。利比里亚食品药品监督管理局颁布了《食品召回管理规定》，明确了食品召回的各项细节和要求，包括召回流程、责任分工、风险评估等。

对于严重违反食品安全法规的企业，利比里亚政府会采取行政处罚措施，如吊销生产许可证、罚款等。此外，政府还通过宣传教育和加大执法力度，提高公众对食品安全的认识度。

（3）动物疫情疫病防控体系

利比里亚政府针对可能发生的动物疫情或疫病，建立了紧急疫情管理机制，及时堵住疫情传播途径并采取有效措施进行防控。

利比里亚政府规定所有动物和相关产品在进口与出口时必须接受严格的检疫，以确保它们不携带任何疫病，从而保障食品安全。

利比里亚政府注重工作场所的安全生产，关注动物饲养、屠宰和加工等环节，并对其中的危险源进行有效的管控。

利比里亚政府监督食品生产企业落实疫情防控措施，同时对企业的生产过程进行监督和管理。只有符合要求的企业才能获得许可证并生产食品。

利比里亚政府建立了联合应对动物疫情的机制，包括政府部门、相关企业和专业机构等多方合作，协同推进动物疫情防控。

十二、索马里

（一）索马里食品安全监管机构概况

索马里主要的食品安全监管机构是食品和饮料局（Somali Food and Nutrition Commission，SFNC），负责制定和实施保障食品安全与营养的政策、法规及标准，并监督和协调国内食品安全相关部门的工作。

食品和饮料局是索马里联邦政府下属的一个部门，其设置和管理由索马里总理办公室负责。该局的中央组织架构包括局长、副局长和一系列部门及小组，主要职责包括评估食品和饮料的安全性、提供食品和营养信息、调查和处理食品安全事件、指导和支持其他监管机构等。

在地方层面，索马里各州和地区还设立了类似的食品安全监管机构，其职责主要是协助中央部门执行相关政策和法规，提供基层监管服务和技术支持，加强地方食品安全工作的开展。这些机构的人员情况可能因地区而异，一般来说由专业技术人员、行政管理人员、法律顾问等组成。

需要注意的是，由于索马里社会经济发展水平较低，食品安全监管工作面临着一些挑战和困难。例如，人员短缺、资金紧缺、信息不畅等问题可能影响监管机构的有效运转。另外，还有其他一些监管机构负责索马里的食品安全监管工作。这些监管机构包括：

索马里国家标准局[①]（Somali National Standards Bureau，SNSB）负责制定和实施针对食品、药品、化妆品等产品的国家标准，并协助政府开展食品、药品等领域的监管工作。

索马里药品管理局[②]（Somali Medical and Pharmacy Board，SMPB）负责监管和审核索马里国内的药品生产和销售企业，并对药品质量和安全问题进行监测和调查。

索马里饮食管理局[③]（Somalia Food and Nutrition Council，SFNC）的主要职责是通过开展教育宣传、制定食品营养标准等措施，提高公众对健康饮食的意识和认识。

需要注意的是，由于索马里国内基础设施和通信网络等条件有限，这些监管机构的能力和效果也存在一定局限性。此外，索马里长期遭受战乱和政治动荡的影响，国内的食品安全形势相对较为复杂和严峻。

---

① http：//snsb. so/

② http：//www. smpb. gov. so/

③ https：//www. nutritioncouncil. so/

（二）索马里食品安全法律法规及标准体系概况

1. 法律法规

索马里目前已经颁布了一系列与食品安全相关的法律法规。

《食品质量控制法》旨在确保索马里的食品安全、优质和卫生。它规定了关于食品质量、食品标准和检验程序等方面的要求，以及负责执行该法的机构及其职责范围。

《进口和出口食品法》旨在调节索马里的食品进出口贸易，确保出口和进口的食品符合国际标准及索马里的食品质量要求。该法规定了食品进出口的许可证要求、检验要求等，并对违法行为给予了惩罚性措施。

《食品防腐剂法》旨在调控索马里食品中使用的防腐剂的类型和用量，并规定了食品厂商需要进行的必要测试和评估要求。

《动物源性食品卫生管理法》规定了动物源性食品的检测、消毒、包装、运输、存储和销售等方面的标准及规程，以确保这些食品符合卫生标准，并且对应用不安全的抗生素等药物和化学物质提出了限制。同时，该法也规定了一些重要的惩罚措施，以打击食品安全方面的违法行为。

除此之外，索马里还颁布了许多其他与食品安全相关的法规和标准，如《包装和标签法》《食品保质期管理法》等，这些法规和标准共同构成了索马里的食品安全体系。

2. 食品安全标准

索马里国家标准局发布了一系列与食品相关的标准。

《食品质量和安全标准》规定了各类食品的质量、卫生和安全要求，这些要求涵盖了食品质量分析和检验、食品添加剂使用、农药残留等方面。

《食品加工和制造标准》规定了食品加工与制造过程中需要遵守的规程及要求，如生产线设计、设备和器具选择、应急管理等方面。

《食品包装和标签标准》规定了食品包装容器、标签和使用说明书的设计与标示要求，以保证消费者能够准确了解产品的信息和使用方法。

《食品储存和运输标准》规定了食品储存与运输环节中应该遵守的卫生要求、货物装卸操作规范等方面。

在索马里，企业和组织可以根据这些标准进行食品生产、加工、运输、储存和销售等环节的管理，以提高其食品质量和安全性，并满足国家相关法规和标准的要求。需要注意的是，这些标准的内容和适用范围可能会随着时代的变迁、食品市场的变化和技术的进展而不断调整与更新。

（三）索马里进出口食品安全监管体系概况

1. 进出口食品安全监管制度

（1）企业管理

索马里政府在进出口食品安全监管方面实行了严格的制度。

所有涉及食品进出口的企业必须先获得索马里政府颁发的进出口许可证，并必须遵守规定的食品质量和安全标准。

索马里政府设置了专门的进出口食品检验检疫机构，对所有食品进行严格的检验和抽样检测，确保进入或者离开索马里的食品符合国际标准和索马里标准，并且不会危害人民健康。

索马里政府采用科学的方法对进口食品的食品安全和风险进行评估，并确定相应的管理措施。对于高风险的进口食品，政府将采取更加严格的检查措施，以确保其符合索马里标准和国际标准。

索马里政府设立了专门的监督检查机构，对企业的进出口食品进行定期或不定期的检查和抽样检测，确保企业遵守相关的食品质量和安全标准。

除此之外，索马里政府还加强了对食品标签、包装以及广告等方面的监管，规范了企业的经营行为，保护消费者权益。同时，如果发现企业存在违规行为，政府则将按照相关法律法规进行惩罚。这些措施共同构成索马里进出口食品安全的监管体系。

（2）进出口食品通关监管

索马里在进出口食品通关监管方面实行了一系列措施，其中包括对进出口食品安全的监管。

索马里政府制定了一系列法规和标准，确保进出口食品符合国际标准和索马里标准，并且不会危害人民健康。相关的法规和标准主要包括：

针对不同类型的食品，颁布了相应的进口标准，规定了食品的质量、安全、卫生等方面的指标和要求。

针对进口食品的来源地、类别、风险等因素，规定了相应的检验检疫程序和标准。同时，还规定了食品标签中必须包含的信息和标准格式，以便消费者能够清楚地了解食品的成分、营养价值、生产厂家等信息。

《食品安全管理规范》规定了企业应遵守的卫生标准、生产工艺、设备设施和人员管理等方面。

《食品药品监管条例》明确了索马里政府对食品和药品生产、进口、销售等方面的监督职责和措施。

同时，索马里还建立了专门的进出口食品检验检疫机构，对所有进口、出口的食品进行严格的检验和抽样检测，以确保食品符合相关法规和标准，并且不会危害人民健康。另外，如果发现企业存在违规行为，政府则将按照相关法律法规进行处罚，以确保食品安全。

2. 食品安全监管制度

（1）食品生产过程管理

索马里在食品生产过程管理方面具有一系列的食品安全监管制度。

索马里政府要求所有从事食品生产的企业必须申请生产许可证，并遵守相关生产标准和规定。

索马里政府设置专门的食品检验检测机构，对所有食品进行严格的检验和抽样检测，确保食品符合国际标准和索马里标准。规定食品生产企业必须建立完善的食品生产工艺流程，并通过生产许可证审批过程来获得索马里政府的认可。

索马里政府要求企业在选购原材料时，必须选择有资质的供应商，并且对进货的原材料进行检验和把关，以确保原材料符合国际标准和索马里标准。通过定期检查和抽样检验等方式，对企业的生产过程进行监督和检查，以确保企业遵守相关法规和标准。如果发现企业存在违规行为，政府则将会按照相关法律法规进行处罚，包括扣留产品、罚款、责令停业整顿等措施，以确保食品安全。

（2）食品溯源及召回制度

索马里在食品溯源及召回制度方面的食品安全监管制度包括以下几个方面。

索马里政府建立了食品追溯体系，所有进出口食品的生产、销售过程中的每一个环节，都要有相应的记录和档案，以便在出现问题时能够进行快速追溯。

索马里政府要求企业设立食品召回机制，一旦发现产品存在安全隐患，就必须立即采取措施停止销售并通知消费者，如果需要召回，就必须按照规定进行相应的召回程序并公告。

索马里政府鼓励企业主动公开食品安全信息，如产品质量、召回情况等，让消费者了解食品安全情况，提高消费者的食品安全意识。

如果企业因未遵守相关法规和标准而产生食品安全问题，索马里政府就将对企业进行处罚，包括罚款、扣留产品、责令停业整顿等，以确保食品安全。

（3）动物疫情疫病防控体系

索马里在动物疫情疫病防控体系方面的食品安全监管制度特点包括以下几个方面：

索马里政府通过建立动物卫生监测体系、加强动物疫病防控等手段，保障动物和其产品的质量和安全。

索马里政府有针对性地制定了防疫标准和技术规范，制定了应急预案和相关指南，通常采用预防为主、综合治理、并重治疗等多种手段，实施疫点隔离、扑杀、消毒等防控措施。

索马里政府设置了国家级和地方级动植物检验检疫机构，并且将检疫工作纳入日常监管范畴。同时，政府还会定期进行动物检测和采样，以确保动物及其产品的安全。

索马里政府鼓励企业主动公开动物疫情疫病信息，如疫情报告、防疫措施、检测情况等，让消费者了解动物产品的安全情况。

十三、西撒哈拉

（一）西撒哈拉食品安全监管机构概况

西撒哈拉目前由摩洛哥实际控制，因此不存在独立的国家机构。根据目前的情况，西撒哈拉主要的食品安全监管职责由摩洛哥政府相关部门负责。

在摩洛哥，食品安全监管由卫生部、农业和渔业部以及公共部门共同管理。卫生部负责食品安全标准的制定、实施和监督，包括食品生产、储存、运输等各个环节。农业和渔业部则负责对农畜产品以及渔业产品进行检测、审批和监管。公共部门则负责建立食品安全法律法规制度，并配合卫生部和农业渔业部开展宣传、教育和培训等方面的工作。

在中央组织架构上，摩洛哥政府设立了卫生法规和质量控制高级委员会以及食品安全委员会，这些机构负责协调卫生部、农业渔业部和公共部门之间的食品安全工作。在地方组织架构上，各个省份和地方政府也设立了相应的卫生、农业和渔业等部门，负责本地区食品安全监管工作。在人员情况上，这些部门和机构都配备了专业的工作人员，包括行业专家、技术人员和执法人员，他们共同工作，确保食品安全监管工作的顺利进行。

除卫生部、农业和渔业部以及公共部门负责食品安全监管之外，摩洛哥还设立了一些独立的监管机构，用于加强对食品安全的监督和管理。具体包括以下几个方面。

摩洛哥国家食品安全局（The National Food Safety Authority of Morocco，NFSA）。这是摩洛哥负责食品安全与卫生的重要机构，其主要职责是规划、监控和评估食品安全情况，定期开展食品安全检测和监管，同时指导和协调相关部门的食品安全工作。

摩洛哥国家卫生安全署（The National Health Security Office of Morocco，NHSCO）。该机构主要负责制定、实施、监督保护与提高消费者健康和食品安全的策略、标准及措施。其目的是保护公民的健康和利益，防止食品中的有害成分对人类健康造成危害。

摩洛哥政府在食品安全监管方面设立了多个机构，用于加强对食品安全的监督和管理，确保公民的健康和利益不受损害。

（二）西撒哈拉食品安全法律法规及标准体系概况

1. 法律法规

由于摩洛哥对西撒哈拉主张主权，因此摩洛哥的食品安全法规同样适用于西撒哈拉地区。摩洛哥政府制定了一系列有关食品安全的法规与标准，包括《食品卫生和质量法》《动植物防疫法》等。

西撒哈拉作为联合国认定的未定归属地，受到了许多国际组织的监管和规范。例如，世界卫生组织（WHO）和联合国粮食及农业组织（FAO）制定了一系列国际标准，如食品添加剂标准、食品安全标准等，以保障全球食品安全。

西撒哈拉地区的部分民众依然生活在传统习惯下，他们通常会从当地生产或收购口粮来满足日常食用的需要。这些传统食品的生产和销售通常由当地居民自行管理，并依据当地的食品安全标准。

总体来说，西撒哈拉的食品安全法规框架相对较为滞后，缺乏系统性和完善性。西撒哈拉地区需要加强监管与规范，推动法律法规的完善，以确保当地居民的食品安全和健康。

2. 食品安全标准

《摩洛哥食品卫生和质量法》对进口、生产、储存、运输和销售食品的各个环节制定了相应的规定与要求，以保障食品安全和质量。该法律对食品标签、食品添加剂、食品检验等方面也做了细致的规定。

国际组织如世界卫生组织和联合国粮食及农业组织制定了一系列国际食品安全标准，如食品添加剂标准、食品安全标准等。西撒哈拉地区的进口食品必须符合这些标准。

西撒哈拉地区的部分民众仍然生活在传统习惯下，他们通常会依据当地经验和传统习俗制定一些本地化的标准，以保障自身生产和生活的需要。

（三）西撒哈拉进出口食品安全监管体系概况

1. 进出口食品安全监管制度

（1）企业管理

食品生产企业的注册和许可制度。所有在西撒哈拉境内从事食品生产、加工、销售等活动的企业，必须在相关部门注册并办理许可证，确保其产品符合食品安全标准，并接受定期的监督检查。

食品安全监测体系。西撒哈拉地区通过完善食品安全监测体系，开展食品中有害物质的监测，及时掌握食品中存在的问题，采取有针对性的措施进行管理和处置。

进出口食品安全监管制度。所有进出口食品必须符合西撒哈拉的食品安全标准和法规规定，并接受严格的检验和监管。同时，不符合食品安全标准的进口食品将被禁止流入市场，不符合要求的出口食品将被退回制造国。

惩罚性措施和处罚制度。对于违反食品安全监管制度和有关法规的企业和个人，西撒哈拉地区将依法予以惩处，包括采取罚款、吊销许可证等措施，力求打击任何违法行为，确保食品安全。

（2）进出口产品通关监管

进出口产品清单的审核制度。西撒哈拉地区建立了完备的进出口产品清单，并严格审核清单中的产品是否符合相关标准和规定。对于未经审核或不符合标准的产品，将禁止进入市场或出口至其他国家。

进出口产品检验和检测体系的建立。为了确保进出口产品的质量和安全，西撒哈拉地区还建立了全面的检验和检测体系，对所有进出口食品进行严格的抽检。

进出口产品文书审批制度。除审核清单和检验检测外，所有进出口产品的免税申请、报关申请等企业申报材料也需要经过严格的审批流程，确保进出口产品手续齐全、符合法规要求。

进出口产品溯源体系。为了追溯进出口产品的来源和生产过程，西撒哈拉地区还建立了完善的进出口产品溯源体系，如果产品出现问题，则可以快速追溯到具体的企业和生产批次。

2. 食品安全监管制度

（1）食品生产过程管理

由于西撒哈拉地区的食品生产规模较小，因此在食品生产过程管理方面的食品安全监管制度相对简单。

西撒哈拉地区的小型食品生产商一般通过自我监管来确保食品安全。生产商通常会按照相关的生产标准和指导材料进行生产，并依据自身经验制定相应的食品安全控制措施，如质量检验、卫生管理、员工培训等。

西撒哈拉地区通过食品安全检查和抽样检验来监督食品安全。政府机构监督食品生产厂商的生产活动，并检查是否符合相关的法律法规和标准。

西撒哈拉地区的进口食品必须符合国际贸易的相关标准和要求。西撒哈拉地区向贸易伙伴提供有关食品安全标准的信息，并要求其严格遵守进口食品的相关规定。

需要注意的是，由于西撒哈拉地区的食品安全监管制度较为简单，加上其地理位置偏远，因此存在食品安全监管比较困难的问题。西撒哈拉地区需要采取更为积极、细致、全面的监管措施，并不断完善食品安全监管制度，以确保当地居民的食品安全。

（2）食品溯源及召回制度

西撒哈拉在食品溯源及召回制度方面的食品安全监管制度相对较为薄弱。

西撒哈拉地区尚未建立完善的食品溯源体系。一些食品生产商可能没有配备溯源技术设备或没有建立溯源档案，难以对食品生产过程实施有效控制。

目前，西撒哈拉地区尚未建立完善的食品召回机制。一旦出现食品安全问题，政府和食品生产商往往没有清晰的召回方案和计划。这使得食品安全问题难以及时解决，增加了食品安全的风险。

西撒哈拉地区的监管机构对食品安全溯源和召回的管理力度相对较弱。缺乏法律法规和标准的支持，对食品生产商的管理难以有力推行。

因此，西撒哈拉地区需要加强食品安全监管制度的建设，并建立完善的食品溯源和召回机制。西撒哈拉地区需要加强对食品生产商的监管，建立完善的监管体系，并加强法律法规和标准的制定与推行。同时，还需要提高消费者食品安全意识，在加强制度建设的同时，提高民众对食品安全的自我保护能力。

（3）动物疫情疫病防控体系

西撒哈拉地区的动物疫情监测和报告系统相对不健全，难以及时发现疫情和疫病。这样会导致未被发现的疫情和疫病传播，增加了动物食品的安全风险。

西撒哈拉地区缺乏较为成熟的动物疫情疫病防控经验和技术手段，防控能力相对较弱。在出现动物疫情和疫病时，西撒哈拉地区难以迅速有效地组织应对，降低了食品安全风险。

西撒哈拉地区的动物疫情疫病防控与食品安全监管机构之间缺乏有效的信息共享和协作机制，食品安全监管工作的开展面临一定的困难。

因此，西撒哈拉地区需要加强动物疫情疫病防控体系与食品安全监管的整合协调，加强信息共享和协作机制。西撒哈拉地区需要建立完善的动物疫情监测体系，提高防控能力和应急处置水平。同时，还需要加强国际合作，借鉴先进经验和技术，加快动物疫情疫病防控体系和食品安全监管制度的建设与完善。

十四、加那利群岛

（一）加那利群岛食品安全监管机构概况

加那利群岛的主要食品安全监管机构是加那利群岛政府食品安全和健康服务机构（Canary Islands Government Food Safety and Health Service，FSHSA）。该机构负责加那利群岛所有食品企业和产品的监管与控制，确保食品安全符合欧盟标准。

该机构的职责包括监督加那利群岛的所有食品生产企业、食品加工企业和销售企业，以确保其符合食品安全和卫生标准；对食品生产企业和生产过程进行审核与检查，确保其质量和卫生符合要求；监督食品销售企业，包括餐厅、超市、小型商店和其他零售商，以确保其售卖的食品符合标准；检测食品中的有害物质，确保食品的安全性和健康价值；通过发布警告、禁止销售或撤回产品等方式来管理和控制不安全产品。

加那利群岛政府食品安全和健康服务机构的组织架构分为中央与地方两个层次。中央机构主管全省性政策和规则的制定与发展，并负责监督地方机构，以确保其合规操作。地方机构负责执行中央机构指示和政策，并协调全省食品监管工作。此外，该机构还设有多个相关专业部门，如检测、研究、卫生等。

加那利群岛政府食品安全和健康服务机构有一支高素质的人才队伍，由资深食品安全专家、检验员、技术人员和卫生专家组成。这些专业人才都接受过专业培训，拥有必要的技能和知识，以确保加那利群岛的食品安全符合欧盟标准。

（二）加那利群岛食品安全法律法规及标准体系概况

1. 法律法规

《食品卫生法》是加那利群岛最重要的食品安全法规之一，旨在保障食品的卫生、安全和质量。该法规详细规定了食品生产、加工、储存和销售的各个环节中需要遵守的标准与要求。

《食品安全管理法》主要用于协调各个相关部门和机构的职责，以确保加那利群岛的食品安全管理得到协调和整合。

《食品标签法规》明确了食品标签必须包含的信息，以及各种添加剂、营养成分和其他特殊成分的使用情况等规定。

《食品添加剂法规》规定了食品添加剂的使用和限制条件，包括添加剂的种类、用途、最大使用量等。

《食品进口和出口法规》明确了各项食品进口和出口规定，包括合法资格、证书和检验程序等。

《实施食品追溯体系的规定》规定了食品安全追溯体系，以便对可能存在的食品安全隐患进行及时的调查和追踪。

2. 食品安全标准

欧洲合格评定委员会是欧洲质量认证领域中最高的机构之一。其被广泛采用于食品安全体系认证，此认证是指评估组织针对标准的认证审核发现符合要求后颁发的证书。这个认证代表着加那利群岛对于食品安全的认可，是保证消费者食品安全的基础。

食品安全管理体系 ISO 22000 是国际食品安全管理标准，在加那利群岛广泛应用。ISO 22000 涵盖了从生产到消费的各个过程，旨在提高食品安全的水平。该标准包括质量管理、危害分析和关键控制点、法规遵从等方面，适用于所有规模的食品企业。

HACCP 体系是指危害分析和重要控制点，是一种预防性的食品安全管理体系，被广泛应用于加那利群岛的食品生产和加工企业。该体系关注食品生产过程中的危害，通过对每个步骤进行分析和控制，最终确保食品安全。

GFSI 认证体系旨在促进全球范围内食品安全标准的统一和认可。GFSI 认证包括多个标准，如 BRC、IFS、SQF 等，这些标准涉及食品生产、加工、储存和运输等领域，被广泛应用于加那利群岛的食品行业。

（三）加那利群岛进出口食品安全监管体系概况

1. 进出口食品安全监管制度

（1）企业管理

加那利群岛在企业管理方面的进出口食品安全监管体系非常完善。

加那利群岛对进出口的食品进行严格的质量安全检验，确保食品符合加那利群岛及国际上的食品安全标准，保障消费者的身体健康。

进出口食品必须获得正确的食品安全证明，如卫生证书或检验报告等。这些证明文件可以证明进出口食品质量和安全均符合规定要求。

加那利群岛的食品质量监管机构对进出口食品实行全面监管，包括检查食品是否符合标准、是否真实有效地生产和运输等情况，对不符合要求的食品采取相应的措施。

加那利群岛对食品生产和加工企业实行全面监管，监督企业生产过程中的食品质量和安全，特别关注比较敏感的食品如肉类、水产品等，加强对企业的食品安全培训和教育。

加那利群岛建立了食品安全信息公示系统，向公众发布食品安全信息，包括发布食品召回和警告情况，提高消费者对进出口食品安全的认识和保护意识。

（2）进出口产品通关监管

加那利群岛在进出口产品通关监管方面的安全监管体系非常严格。

对于进出口食品，必须在通关前进行关务申报，提交食品安全检测等相关证明文件。加那利群岛的海关官员会对食品进行安全检测，包括对食品的外观、包装、标签和成分进行检查与测试，以确保食品符合加那利群岛和国际上的食品安全标准。

加那利群岛已经完全实现了电子化通关系统，使得进出口食品的通关更为高效、透明和安全。对部分进出口食品实行抽检制度，对食品进行随机检验。如果发现问题，将要求封存货物或者彻底退货。如果发现进口食品存在质量问题或安全隐患，加那利群岛将主动通知相关企业采取召回措施，确保食品安全。

2. 食品安全监管制度

（1）食品生产过程管理

从源头到餐桌的全程监管制度。加那利群岛食品安全监管部门负责监督食品生产、流通和销售全过程，并建立了从源头到餐桌的全程监管机制，确保食品的质量和安全。

强制性的 HACCP 制度。加那利群岛食品安全监管部门强制实施了 HACCP 制度，即危害分析与关键控制点制度。这个制度要求食品企业在生产过程中进行危害分析，确定关键控制点，采取相应的措施，确保食品质量和安全。

严格的检测和抽样制度。加那利群岛食品安全监管部门实行了严格的检测和抽样制度，对市场上的食品进行抽查和检测，并对不合格的食品进行处理，以确保食品安全。

完善的法律法规体系。加那利群岛有一套完善的法律法规体系，包括《食品安全法》《食品卫生法》等，这些法律法规明确了食品安全的标准和要求，为监管工作提供了法律依据。

加强对消费者的宣传教育。加那利群岛食品安全监管部门通过各种媒体渠道加强对消费者的宣传教育，提高消费者的食品安全意识和自我保护能力，促进了食品安全事业的发展。

（2）食品溯源及召回制度

加那利群岛食品安全监管部门建立了完善的食品溯源体系，要求食品企业在生产过程中做好食品原材料、生产工艺、质量检验等记录，并留存相应的证明文件，以便进行追溯。

食品安全监管部门建立了食品召回制度，要求食品企业在发现问题后及时采取措施，启动召回程序，以最大限度地保障消费者的利益和健康安全。

加那利群岛食品安全监管部门对食品溯源及召回工作进行细致而严格的规定，包括工作流程、责任人员、时间节点等方面，使其工作流程更加清晰、标准化。

食品安全监管部门建立了食品溯源及召回的监督机制，对企业开展的相关活动进行监督和检查，确保其真实有效。

加那利群岛食品安全监管部门将食品溯源及召回的相关信息向社会公布，鼓励消费者积极参与食品安全的管理，形成全民参与、公众化的食品安全监管格局。

（3）动物疫情疫病防控体系

加那利群岛食品安全监管部门建立了健全的动物疫情疫病防控体系，包括动物疫情监测、预警机制、检疫检验、疫苗研发与使用等方面，保障了生猪、牛、羊等家畜和家禽的健康与免疫安全。对所有进口和出口的动物产品进行严格的检验检疫，确保动物产品符合质量标准和安全要求。

同时，加那利群岛食品安全监管部门还建立了动物源性食品溯源体系，对产品从出厂到销售前的全过程进行跟踪和管理，以确保动物源性食品的质量和安全。通过各种途径加强宣传教育，提高养殖户和消费者的动物疫情疫病防控意识，提高免疫安全水平。建立动物疫情疫病应急机制，一旦出现疫情疫病，就能够及时应对，有效控制和治理疫情，减少影响和危害。

十五、马德拉群岛

（一）马德拉群岛食品安全监管机构概况

马德拉群岛的主要食品安全监管机构是马德拉卫生管理局（Madeira Health Authority，MHA）。该机构负责监督和管理马德拉群岛的医疗卫生事务、卫生监管和食品安全等工作。

具体来说，马德拉卫生管理局在食品安全监管方面的职责包括：监督马德拉群岛的食品生产、加工、保存、运输和销售环节，保障当地居民和游客的饮食安全；开展食品卫生检测和风险评估，对可能存在的食品安全问题进行及时预警和应对；制定食品安全标准和相关政策法规，推广食品安全知识，提高公众的安全意识和素质；对违反食品安全法规和标准的企业及个人进行处罚与纠正，并协调其他相关部门共同维护食品安全。

马德拉卫生管理局机构设置相对比较庞大，除总部外，还设有各区域和各级别的卫生管理部门，其中包括健康和预防医学中心、食品卫生监督与安全中心、食品药品检验实验室等部门。在机构人员情况方面，根据官方数据显示，马德拉卫生管理局机构拥有员工数目超过 5000 人，其中包括医生、护士、卫生技术人员以及管理和行政人员等。该机构的基层监管人员主要由卫生监督员和卫生执法人员组成，他们负责对各类食品生产经营者进行监督检查，并及时发现和处理食品安全问题。

除马德拉卫生管理局外，马德拉群岛食品安全管理部门是负责马德拉群岛全区的食品安全监督和管理工作的机构，与马德拉卫生管理局合作共同维护当地的食品安全。该机构主要承担食品安全法规和标准的制定、监督检查等工作。

马德拉群岛有专门的警察部队，以及卫生、农业等部门的执法人员，他们在食品安全方面也承担着重要的监管职责。执法部门的主要任务是对违反食品安全法规和标准的企业及个人进行处罚与纠正，维护食品安全和社会治安。

食品联合委员会由政府部门、行业协会、消费者组织、学术机构等各方代表组成，是马德拉群岛最高级别的食品安全咨询机构，为政府制定和实施食品安全政策提供专业意见与建议。

（二）马德拉群岛食品安全法律法规标准体系概况

1. 法律法规

马德拉群岛颁布了《马德拉群岛食品安全法规》，旨在保障当地居民的饮食安全。该法规规定了食品生产、销售等环节的相关要求，并设立了食品安全监管部门，负责监督和管理食品安全事务。

消费者权益保护法规。马德拉群岛实行了消费者权益保护制度，主要体现在消费者保护法和其他有关法规中。该制度旨在保障消费者合法权益，维护市场秩序和公平竞争。

食品标识和广告法规。马德拉群岛要求食品的标识和广告必须真实可靠，不得误导消费者。食品标识应当包括成分、营养价值、保质期等重要信息，以便消费者做出明智的购买决策。

食品检验和抽样法规。为了确保食品质量和安全，马德拉群岛实行了食品检验和抽样制度。有关部门可以对食品生产企业、销售商等进行定期或不定期的检查和抽样，以保障食品质量和安全。

除上述法规外，马德拉群岛还参考葡萄牙和欧盟的食品相关法规，以确保当地的食品安全和质量。总的来说，马德拉群岛与食品相关的法律法规主要是为了保障消费者权益及保障食品的安全和质量。

2. 食品安全标准

《食品卫生标准》包括食品中的有害物质限量标准、微生物限量标准、农药残留标准等，以确保食品的安全和卫生。

《食品添加剂标准》包括添加剂种类、使用范围、用量等方面，以保障食品添加剂的安全性和合理性。

《食品标签标准》规定了必须列明的信息，如名称、成分、净含量、生产日期、保质期等。同时，标签需要用当地的语言进行标注，并遵守相应的标签和包装法规。

马德拉群岛对食品包装也有相应的标准和规定。例如，液体食品在运输时必须使用密封包装，以防止泄漏。另外，针对不同的食品类别，还有相应的包装标准和要求。

（三）马德拉群岛进出口食品安全监管体系概况

1. 进出口食品安全监管制度

（1）企业管理

马德拉群岛作为一个自治区，其进出口食品安全监管制度主要由该地区政府和葡萄牙政府负责。

马德拉群岛要求所有从国外进口的食品必须取得食品进口许可证，并且对进口企业进行了严格的审查与管理。此外，对于出口到其他国家的食品也需要遵守相关的管理要求。

为了确保从国外进口的食品符合马德拉群岛的法规、标准和规定，马德拉群岛会定期进行食品抽样并进行检验。同时，还会针对特定情况、事件或问题进行特别的检查与抽样。

马德拉群岛在食品安全信息方面极为重视，会对已知的食品安全问题进行公告，并要求相关进口商配合做好退货、销毁等处理。

所有从事食品生产及经营的企业必须取得相应的食品生产、经营许可证，并接受政府的定期检查。

马德拉群岛有关部门实行食品追溯制度，对于食品安全问题或突发事件，能够快速定位，并尽快解决问题。

（2）进出口产品通关监管

马德拉群岛在进出口产品通关监管方面也有一系列制度和措施。

所有进出口产品都必须进行申报，包括食品。进口食品必须在通关前向有关部门提交进口申请、检查证明和相关文件。

马德拉群岛对所有进出口食品实施口岸检验检疫制度，确保符合进口标准和质量要求，同时严禁携带非法、违禁、有害物品进入境内。

马德拉群岛对进口的食品定期进行检验和抽样，严格控制食品质量和安全问题。如果发现问题，政府将采取相应的措施，确保不合格产品及时得到处理。

马德拉群岛会公布海关食品安全信息，以及有关进口食品可能存在的食品安全问题的警示信息。

所有从事进出口食品业务的企业必须获得相关许可证，以确保其具备必要的资质和能力。

2. 食品安全监管制度

（1）食品生产过程管理

强制性监管。马德拉群岛制定了严格的食品安全标准和法规，对食品生产、销售等环节进行强制性监管。这意味着生产商生产食品必须符合相关的标准和规定，否则将面临处罚。

风险评估。马德拉群岛在监管过程中注重风险评估，即根据食品生产的不同环节和特点，对可能存在的食品安全隐患进行评估。这有助于检测和控制潜在的食品安全问题。

溯源追溯。马德拉群岛对食品生产过程进行了严格的管理，并实施了全程溯源追溯制度。通过这个制度可以追踪并确定食品来源，有助于排查问题并保障食品安全。

全面覆盖。马德拉群岛的食品安全监管制度覆盖食品生产、运输、储存、销售等各个环节。这意味着从食品生产开始到消费者购买食品，整个过程都受到了监管。

（2）食品溯源及召回制度

马德拉群岛实行了全程食品溯源制度，对生产、加工、储存、运输、销售等各环节进行综合管理。可以追溯和确定食品的来源、生产日期、批次等信息，一旦出现问题，就可以及时排查并采取措施。

马德拉群岛在食品安全事故发生时，从食品企业到政府都有责任追究。如果企业未能尽到应有的食品安全管理责任，则将面临罚款、吊销许可证或者刑事处罚。

马德拉群岛对食品安全事故采取迅速召回措施，以确保消费者的权益。一旦发现问题，企业就必须立即启动召回程序，并通知消费者不再使用相关产品。

马德拉群岛鼓励食品企业公开信息，以促进食品安全管理。同时，政府也会公开相关的信息和数据，提高食品安全意识和透明度。

（3）动物疫情疫病防控体系

预防为主。马德拉群岛注重疫病的预防工作，采取预防措施降低疫病暴发的风险。对于常见的动物疫病，制定了相应的防控措施和行动计划。

全面监管。马德拉群岛对动物产品及其衍生品实施全面监管，从饲养过程到屠宰、运输等各个环节都进行严格的监管，并对动物及其产品的出入境进行检疫。

快速反应。马德拉群岛在动物疫情或疫病出现时，立即启动应急响应机制，采取快速有效的措施进行防控，包括采取减少动物产品流通数量、隔离病例等措施。

认证制度。马德拉群岛对相关企业进行动物卫生认证，认证合格的企业才能获得生产和销售动物产品的资格。企业必须遵守相关的动物卫生和食品安全标准。

马德拉群岛动物疫情疫病防控体系方面的食品安全监管制度具有预防为主、全面监管、快速反应和认证制度等特点。这些特点可以保障动物产品及其衍生品的质量和安全，确保消费者的健康和权益。

十六、亚速尔群岛

（一）亚速尔群岛食品安全监管机构概况

亚速尔群岛的主要食品安全监管机构是亚速尔群岛食品安全与经济局①（Azores Food Safety and Economics Agency，AFSEA）。该机构成立于 2005 年，是亚速尔群岛政府下属负责食品安全监管、消费者保护和市场监管的中央机构。其主要职责包括：监督食品市场，检查食品安全和卫生标准，并惩罚不合法行为；安排并组织制定有关食品安全方面的规章和标准；提供咨询服务和教育计划，加强公众对健康饮食和食品安全的认识和理解；协助消费者在线提交投诉和建议，处理和妥善解决消费者投诉。

---

① http：//www. iraafr. azores. gov. pt/

亚速尔群岛食品安全与经济局通过中央和地方两级机构来实现其职能。中央机构由一个局长和四个部门组成，分别负责市场监管、食品安全监管、质量保障和技术支持；地方机构由区域负责人和若干个区域办事处组成，负责市场或商店内部的食品安全检查和协调消费者权益保护。

目前，亚速尔群岛食品安全与经济局机构拥有约 150 名工作人员，其中包括检验员、技术专家和行政人员等。这些人员都接受过相关的培训，具备丰富的食品安全管理经验和知识。他们将继续致力于保护亚速尔群岛居民的食品安全和满足消费者需求，确保市场的公平、公正和透明。

除亚速尔群岛食品安全与经济局，还有其他一些监管机构负责亚速尔群岛的食品安全和卫生管理。亚速尔群岛卫生部门负责制定卫生标准、规定卫生条件以及协调医疗和食品安全领域的工作；亚速尔群岛农业部门不仅负责检查食品的来源，而且需要确保生产者遵守相关法规和标准，确保食品的质量和安全；亚速尔群岛竞争理事会负责制定和执行市场竞争政策，确保市场公平、公正和透明，并惩罚违反规定的不当竞争行为；亚速尔群岛海事安全局负责检查和执行涉及食品、餐饮等方面的安全标准，并防范涉及港口和船只的食品安全问题。

（二）亚速尔群岛食品安全法律法规标准体系概况

1. 法律法规

作为一个依靠农业和渔业为主的地区，亚速尔群岛与食品相关的法律法规较多。

食品安全是当地食品产业的重要保障。亚速尔群岛的食品安全法规主要取自欧盟的规定，对生产、加工、贮存和销售等各个环节都有详细规定，确保食品卫生安全。

根据食品安全法规，当地还制定了一系列食品生产加工管理法规，覆盖食品加工设施、卫生标准等各方面要求。

亚速尔群岛盛产葡萄，因此也有专门的法规来规范葡萄酒的生产与酿造。这些法规包括酿酒厂的注册与许可证、葡萄酒标签的要求和规则、葡萄酒生产过程中使用的化学物质的限制等。

由于亚速尔群岛位于大西洋中央，当地海产品的质量一直比较高。此外，当地还实施了一系列针对海产品的质量标准和保护规定，规定了海产品的最低要求、收获、包装、贮存和运输等方面的标准。

2. 食品安全标准

亚速尔群岛作为著名旅游胜地，其本地美食和食品安全质量备受关注。因此，亚速尔群岛政府为了保障消费者的健康，制定了一系列食品相关标准。

首先，在食品生产方面，亚速尔群岛制定了植物保护剂使用标准，要求生产商在使用植物保护剂时必须遵循特定的准则，确保使用安全。同时，他们也有严格的食品添加剂使用标准，以保持食品的天然性。此外，在养殖业中，也有动物保健和饲料质量的标准。

其次，在食品销售方面，政府制定了严格的食品质量标准，确保进入市场的所有食品都符合质量和卫生标准。此外，在餐厅和酒店方面，政府也发布了指导性意见，以便这些企业能够更好地维护食品的卫生和安全。

总体来说，亚速尔群岛通过制定一系列食品相关标准，旨在保障消费者的健康和食品的质量，同时也促进可持续发展。

（三）亚速尔群岛进出口食品安全监管体系概况

1. 进出口食品安全监管制度

（1）企业管理

根据欧盟要求，亚速尔群岛的进出口食品必须在欧盟官方网站上进行注册。只有注册过的食品才能被允许进入欧盟市场或被出口到其他国家。注册时需要提供相应的食品安全证明和检验报告等材料。

亚速尔群岛出口食品的生产和加工必须符合一系列严格的标准。这些标准包括食品配料的成分、存储条件、生产工艺和食品包装等各个环节，以确保出口食品的卫生安全和品质。

亚速尔群岛对进口食品实行严格的检验与检疫制度。食品不仅必须符合欧盟和亚速尔群岛的食品规定，还必须经过当地的食品检验机构进行检验和认证。

为了保证进出口食品的安全性和可追溯性，亚速尔群岛实施了食品溯源制度。在食品生产、加工和销售过程中，各个环节都必须保留详细的记录和信息，并且能够在必要时提供相应的溯源信息。

（2）进出口产品通关监管

企业在进行食品的进出口时，必须向海关提交相关申报材料。海关将对申报材料进行审核，确保企业所申报的进出口食品符合当地法规和标准。

海关负责对进出口食品进行检验和检疫。进口食品只有在通过检验和检疫后，才能被允许进入亚速尔群岛市场；出口食品则只有在通过检验和检疫后，才能被允许离开亚速尔群岛市场。

在进出口食品通关时，企业还需要缴纳相应的关税和税费。海关根据相应法律法规对企业进行税费计算，并要求企业及时缴纳关税和税费，以确保符合正规通关程序。

如果在食品进出口过程中发生食品安全问题，海关则将会立即采取处理措施。例如，暂停食品进口、撤销产品批准证书以及对企业进行调查等。

2. 食品安全监管制度

（1）食品生产过程管理

亚速尔群岛有一系列法律法规来保障食品安全，包括《食品安全法》《餐饮服务卫生管理条例》等。这些法律法规对食品生产企业和相关从业人员提出了严格的管理要求，并规定了处罚措施来惩治违法行为。

亚速尔群岛政府建立了完整的检测体系，包括食品抽检、食品专项检查、食品市场监管等一系列措施，确保食品质量符合国际标准和本地法律法规。

亚速尔群岛政府通过对食品生产企业进行注册登记和备案管理，对企业的企业资质、生产技术、生产设备、原料采购等方面进行监督，以确保生产过程中符合质量标准和卫生安全要求。

亚速尔群岛政府建立了一套信息公示机制，包括公布食品抽检结果、列入黑名单、牌照撤销等，在宣传和公示方面做到及时有效。

亚速尔群岛政府建立了食品追溯体系，实施从食品源头到消费者的全程追溯管理，追踪食品生产、加工、运输，以及消费者反馈等情况，为保障食品质量和食品安全提供了有力的措施。

（2）食品溯源及召回制度

亚速尔群岛政府重视全程可追溯体系的建立，通过对食品生产环节、加工环节、运输环节等方面进行监管，确保每一批次的食品都能够被追踪到生产、经营和销售等相关信息。

亚速尔群岛政府通过建立完善的食品安全监测机制，不断优化现有的监测网络，选择合适的食品种类和监测指标，并及时公布监测结果，以便消费者对食品安全有正确的认识。

亚速尔群岛政府同时制定了一套快速反应机制，规定了食品安全问题的紧急处理程序和责任人，一旦发现危及消费者健康的问题，政府就会立即采取召回、下架等措施，把有问题的食品从市场上清除，并彻查病源、追溯流向、排查风险，以保障消费者利益和公共卫生安全。

亚速尔群岛政府在食品的召回和追溯方面保持高度的公开透明，及时公布相关信息和结果，让消费者了解食品的安全情况，并可以及时采取相应的行动。

（3）动物疫情疫病防控体系

亚速尔群岛政府建立了完整的动物疫情监测体系，定期对养殖场、良种繁育场、屠宰场等地进行监测，确保畜禽等动物健康状况符合相关标准。加强了动物疫病预防和控制措施，通过规范化管理、集中饲养、检疫隔离等手段提高动物的健康水平，并对发现的疫情进行及时报告和处置，避免疫情扩散。同时，还制定了一系列动物产品检验标准，在检验中严格把关，确保有害细菌和其他污染物质的限量符合相关标准，从而保障消费者的健康。

另外，亚速尔群岛政府采取行业准入制度、许可证管理、专业监管等措施，加大对动物产品的审核、检验、抽检和监管力度，做到从源头入手、全环节监管，严格落实生产许可证制度，维护市场秩序。

第二章 非洲对中国出口农食
产品难点分析

第一节 非洲农食产品贸易情况

一、非洲农食产品出口情况

从出口额来看，近三年非洲农食产品出口额由 2021 年 5360514.3 万美元减少至 2023 年 2813492.8 万美元，下降了 47.5%。其中 2022 年出口额同比下降了 5.3%，2023 年出口额同比下降了 44.6%，见图 2-1。

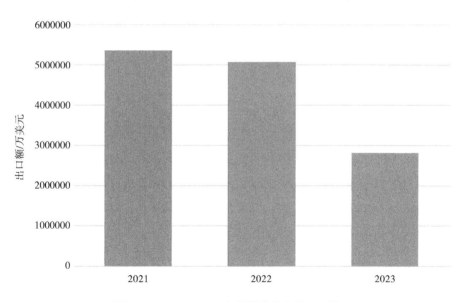

图 2-1 2021—2023 年非洲农食产品出口情况

从出口国家/地区来看，近三年非洲出口伙伴（国家/地区）共有237个（不包含不详国家/地区），出口额位列前十的伙伴（国家/地区）分别为荷兰、英国、美国、西班牙、阿联酋、刚果（金）、印度、沙特阿拉伯、南非和博茨瓦纳，是非洲主要出口流向地，以上十个国家/地区的出口总额占非洲出口总额的38.3%，见图2-2。

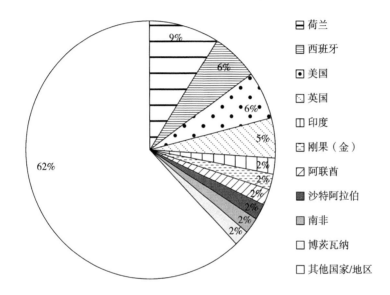

图 2-2 2021—2023 年非洲出口额排名前十的国家/地区及占比

非洲对阿联酋、刚果（金）、印度和沙特阿拉伯近三年的出口额均呈现先升后降趋势，其中刚果（金）、沙特阿拉伯和阿联酋降幅较大，2023年出口额同比分别下降30.1%、29.9%和29.4%。非洲对南非和博茨瓦纳的出口额近三年基本持平，其中，对南非出口额2023年有小幅下降，对博茨瓦纳出口额2023年有小幅上升。非洲对荷兰、英国、美国和西班牙近三年出口额逐年下降，对西班牙、美国和英国的出口额降幅较大，2023年出口额同比分别下降69.2%、58.4%和46.5%，见图2-3。

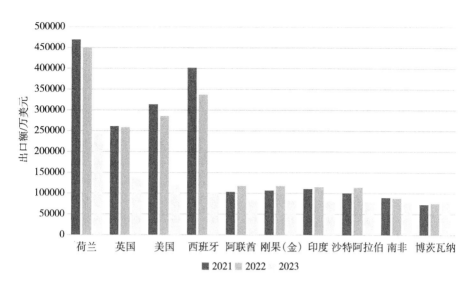

图 2 - 3　2021—2023 年非洲出口额排名前十的国家/地区

从出口产品来看，近三年非洲出口的农食产品涉及 784 个品类，出口量级在 10 亿美元以上的产品品类有 30 个，出口额位列前十的产品依次为整颗或破碎的可可豆（生的或焙炒的）、橙子、未焙炒未浸除咖啡碱的咖啡、未去壳腰果、玉米（种用除外）、红茶及部分发酵茶（内包装每件净重 > 3 千克）、鲜葡萄、未脱脂可可膏、其他精制糖及化学纯蔗糖、冻章鱼，见图 2 - 4。

玉米（种用除外）、红茶及部分发酵茶（内包装每件净重 > 3 千克）、鲜葡萄、其他精制糖及化学纯蔗糖、冻章鱼的出口额呈现先升后降趋势，其中冻章鱼和红茶及部分发酵茶（内包装每件净重 > 3 千克）降幅较大，2023 年出口额同比分别下降 98.6% 和 96.6%。整颗或破碎的可可豆（生的或焙炒的）、橙子、未焙炒未浸除咖啡碱的咖啡、未去壳腰果和未脱脂可可膏出口额逐年下降，其中未焙炒未浸除咖啡碱的咖啡、整颗或破碎的可可豆（生的或焙炒的）和未脱脂可可膏降幅较大，2023 年出口额同比分别下降 88.3%、74.2% 和 69.9%，见图 2 - 5。

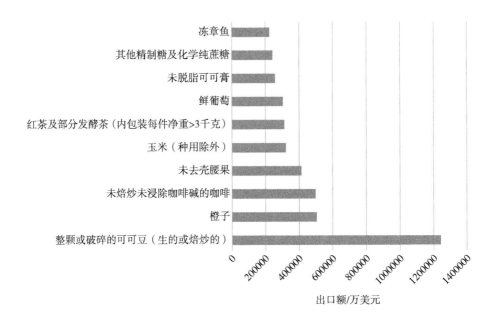

图 2－4　2021—2023 年非洲出口额位列前十的产品品类

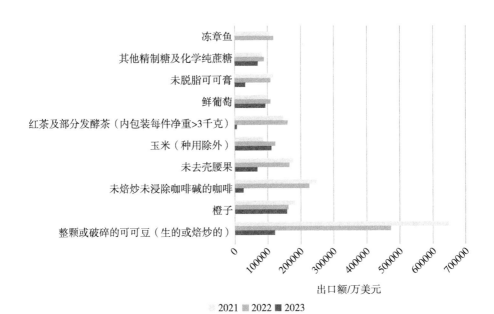

图 2－5　2021—2023 年非洲出口额位列前十的产品

二、非洲农食产品进口情况

从进口额来看，近三年非洲农食产品进口额由 2021 年 7580674.8 万美元减少至 2023 年 3641517.5 万美元，下降了 60%。其中 2022 年进口额同比下降 12.5%，2023 年进口额同比下降 45.1%，见图 2 - 6。

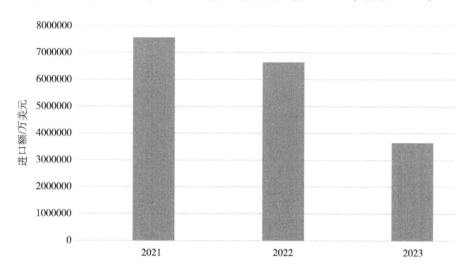

图 2 - 6 2021—2023 年非洲农食产品进口情况

从进口国家/地区来看，近三年非洲进口伙伴（国家/地区）共有 248 个（不包含不详国家/地区），进口额位列前十的伙伴（国家/地区）分别为巴西、印度、俄罗斯、美国、南非、阿根廷、法国、乌克兰、马来西亚和中国，是非洲主要进口来源地。非洲对以上十个国家/地区的进口总额占非洲进口总额的 53.47%，见图 2 - 7。

非洲对巴西、南非、阿根廷和法国近三年的进口额均呈现先升后降趋势，其中法国和阿根廷降幅较大，2023 年进口额同比分别下降 73.2%、72.4%。非洲对印度、美国、马来西亚和中国的进口额近三年持续下降，其中美国、马来西亚和印度降幅较大，2023 年进口额同比分别下降 59.8%、56.1% 和 55.8%。非洲对俄罗斯和乌克兰近三年的进口额呈现先降后升趋势，其中对乌克兰的进口额波动较大，2022 年同比下降 67.1%，2023 年同比上升 62.2%，见图 2 - 8。

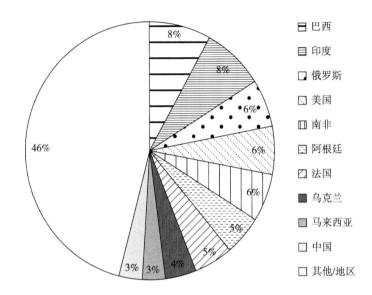

图 2 - 7　2021—2023 年非洲进口额排名前十的国家/地区及占比

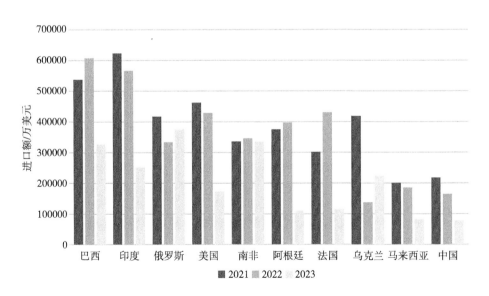

图 2 - 8　2021—2023 年非洲进口额排名前十的国家/地区

从进口产品来看，近三年非洲进口的农食产品涉及 817 个品类，进口量级在 10 亿美元以上的产品品类有 34 个，进口额位列前十的产品依次为其他硬粒小麦、其他小麦及混合麦（种用除外）、精米、玉米（种用除外）、其他大豆（不论是否破碎）、其他精制糖及化学纯蔗糖、其他甘蔗糖（未加香料或着色剂）、初榨的棕榈油、未列名食品、初榨的豆油，见图 2 – 9。

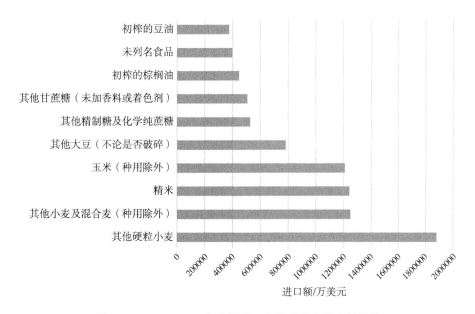

图 2 – 9 2021—2023 年非洲进口额位列前十的产品品类

其他小麦及混合麦（种用除外）、玉米（种用除外）、初榨的豆油近三年进口额呈现先升后降趋势，其中其他小麦及混合麦（种用除外）降幅较大，2023 年进口额同比下降 69.9%。其他硬粒小麦、精米、其他大豆（不论是否破碎）、其他精制糖及化学纯蔗糖、其他甘蔗糖（未加香料或着色剂）、初榨的棕榈油和未列名食品近三年进口额逐渐下降，初榨的棕榈油、其他甘蔗糖（未加香料或着色剂）、其他精制糖及化学纯蔗糖降幅较大，2023 年同比分别下降 72.1%、61.3% 和 58%，见图 2 – 10。

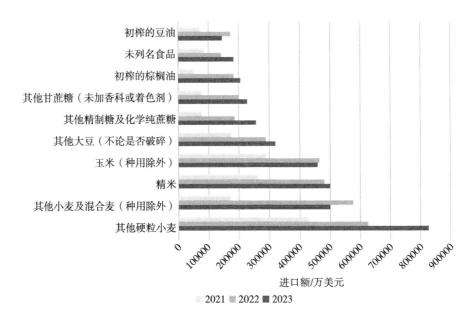

图 2 - 10　2021—2023 年非洲进口额位列前十的产品

第二节　中非农食产品贸易情况

一、中非农食产品贸易发展历程

中非关系源远流长，农业一直是双方合作的重要领域。随着时间的推移，中非农业贸易不断发展，取得了显著成就。

（一）20 世纪 50 年代至 70 年代：初步交流与援助

20 世纪 50 年代，新中国成立后，与非洲国家陆续建立外交关系，开启了中非友好合作的新篇章。这一时期，中非农业贸易处于初步发展阶段。中国向非洲国家提供了一定的农业物资援助，包括粮食、种子等，以帮助非洲国家应对粮食短缺问题。同时，一些非洲国家也向中国出口少量的特色农产品，如可可、腰果等。在技术交流方面，中国派遣农业专家赴非洲，为当地农民提供农业种植和养殖技术培训。例如，

1959 年 2 月，中国向几内亚提供了农业技术援助，包括派遣农业专家和提供农业物资。这是中国对非洲国家农业援助的早期尝试。1964 年 1月，中国与马里建交。同年，中国向马里派遣农业专家组，帮助马里发展农业生产，特别是在水稻种植方面提供技术支持。

（二）20 世纪 80 年代至 90 年代：贸易规模逐渐扩大

20 世纪 80 年代，中国开始实施改革开放政策，经济逐渐发展。与此同时，非洲国家也在探索自身的经济发展道路。这一时期，中非农业贸易规模虽有所扩大，但增长较为缓慢。中国向非洲出口的农产品逐渐增多，包括农业机械、化肥、农药等。这些产品在一定程度上满足了非洲国家农业生产的需求，而从非洲进口的农产品种类也有所增加，如芝麻、花生等。在农业合作方面，中国与非洲国家开展了一些小型的农业合作项目。例如，1985 年 3 月，中国与埃及签署了农业合作协议，加强了在农产品贸易、农业技术交流等方面的合作。中国开始向埃及出口农业机械和农产品加工设备。1990 年 5 月，中国与肯尼亚开展了茶叶贸易合作。中国从肯尼亚进口优质茶叶，丰富了国内茶叶市场的品种。

（三）21 世纪初至 2010 年：快速发展与多元化

进入 21 世纪，双方在农业领域的合作不断加强，贸易规模快速增长。例如，2006 年 11 月，中国与南非签署了农业合作谅解备忘录，双方在葡萄酒、水果、羊毛等农产品贸易方面的合作不断加强。2008 年 4月，中国与尼日利亚开展了棕榈油贸易。尼日利亚的棕榈油大量出口到中国，满足了中国食品加工业的需求。中国对非洲的农业投资逐渐增加，建设了一批农业示范园区和农业产业基地。这些项目不仅促进了当地农业生产的发展，也为中非农业贸易提供了更多的优质农产品。在贸易方面，中国从非洲进口的农产品种类更加丰富，包括棉花、棕榈油、橡胶等。同时，中国向非洲出口的农业技术和设备也不断升级，如智能化农业机械、高效环保的化肥等。以肯尼亚为例，中国企业在当地投资建设花卉种植基地，将肯尼亚的鲜花出口到中国市场，丰富了中国消费者的选择。

（四）2010 年至今：深度合作与创新模式

自 2010 年以来，中非农业贸易合作进入了深化发展的新阶段。双方在农业全产业链上展开合作，涵盖种植、养殖、加工、仓储、物流等多个环节。

在农业技术合作方面，中国与非洲国家共同开展农业科研项目，研发适合非洲当地环境的农作物品种和养殖技术。例如，中国和南非合作开展玉米品种改良研究，提高了玉米的产量和抗逆性。2012 年 7 月，中国在莫桑比克建立了农业技术示范中心，推广水稻种植技术和优良品种。当地水稻产量大幅提高，部分大米还出口到周边国家。

中非农业贸易的模式也不断创新。电子商务的发展为中非农产品贸易提供了新的渠道。通过电商平台，非洲的特色农产品能够更便捷地进入中国市场，中国的优质农产品也能销往非洲。例如，2015 年 12 月，中国与埃塞俄比亚合作开展咖啡贸易。埃塞俄比亚的优质咖啡通过电商平台进入中国市场，受到消费者的喜爱。2019 年 6 月，中国与加纳签署了农业合作协议，加强在可可种植、加工和贸易方面的合作。加纳的可可豆在中国市场的份额逐渐增加。2020 年 8 月，尽管受到新冠疫情的影响，中非农产品线上贸易依然活跃。中国通过线上平台采购了大量来自非洲的腰果、芝麻等农产品。

同时，中非在农业可持续发展方面的合作也日益紧密。中国帮助非洲国家推广绿色农业技术，减少农业生产对环境的影响，实现农业的可持续发展。例如，在埃塞俄比亚，中国企业推广的滴灌技术有效地节约了水资源，提高了农作物的产量和质量。

此后，中非贸易发展仍然迅速。例如，2021，中国与肯尼亚开展了鲜花贸易合作。肯尼亚的鲜花通过航空运输快速抵达中国，满足了国内花卉市场的需求。2022 年，中国与塞内加尔开展渔业合作，进口塞内加尔的海产品，丰富了中国消费者的餐桌。2023 年，中国与马达加斯加加强香草贸易合作。马达加斯加的香草出口到中国，用于食品和化妆品行业。

二、中非农业合作论坛行动计划梳理

2000 年《中非合作论坛北京宣言》和《中非经济和社会发展合作纲领》为中非合作奠定了基础，但未明确提及具体的农业贸易相关详细计划内容，更多的是在宏观层面强调了双方在各个领域开展合作的意愿和方向。

2006 年《中非合作论坛北京峰会宣言》和《中非合作论坛——北京行动计划（2007 至 2009 年）》提出要加强农业领域的合作，包括推动农业技术交流与合作、开展农业实用技术培训、加强在农业资源开发和农业产业化等方面的合作，但未专门针对农业贸易制定详细举措。

2012 年《中非合作论坛第五届部长级会议北京宣言》和《中非合作论坛第五届部长级会议——北京行动计划（2013 年至 2015 年）》强调了在农业和粮食安全领域的合作，提出要加强农业技术合作与示范、农业投资与贸易促进等方面的工作，但同样未给出具体的农业贸易量化目标或详细安排。

2015 年《中非合作论坛约翰内斯堡峰会宣言》和《中非合作论坛——约翰内斯堡行动计划（2016—2018 年）》进一步明确了农业合作的重要性，提出要扩大中非农业贸易和投资规模，支持非洲国家提高农业生产和加工能力，帮助非洲国家增强粮食安全保障能力等，但在农业贸易方面仍缺乏具体的实施路径和量化指标。

2018 年《关于构建更加紧密的中非命运共同体的北京宣言》和《中非合作论坛——北京行动计划（2019—2021 年）》强调支持非洲在 2030 年前基本实现粮食安全，共同制订和实施中非农业现代化合作规划与行动计划，但关于农业贸易的内容较为宏观，未明确具体的贸易促进措施和目标。

2021 年《中非合作论坛第八届部长级会议达喀尔宣言》和《中非合作论坛——达喀尔行动计划（2022—2024 年）》在农业、粮食安全与食品安全方面，提出了一系列举措，虽未直接详细阐述农业贸易，但为农业贸易发展创造了有利条件。例如，中方将为非洲农产品输华建立"绿色通道"，推动非洲优质特色农产品输华；支持建设非洲农业产业园区和农产品贸易集散中心，加强仓储、物流、加工等基础设施建设，提升非洲农产品输华能力；鼓励中国企业扩大对非农业投资，开展农业产业链合作，提高非洲农产品附加值等。

三、中非农食产品贸易数据分析

近三年中非农食产品贸易额由 2021 年 346349 万美元下降至 2023 年 135112 万美元，2022 年中非农食产品贸易额同比下降 10.7%，2023 年中非农食产品贸易额同比下降 47.1%，见图 2-11。

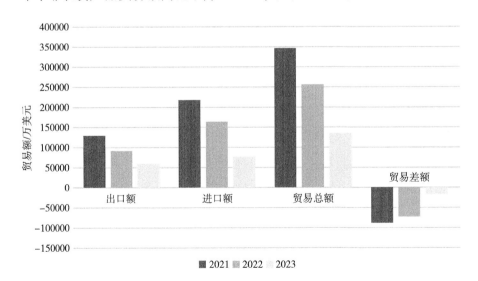

图 2-11　2021—2023 年中非农食产品贸易额

非洲对中国的出口额由 2021 年 129243.3 万美元减少至 2023 年 58840 万美元，下降了 54.5%。非洲对中国的进口额由 2021 年 217105.5 万美元减少至 2023 年 76272.3 万美元，下降了 65%。非洲对中国的贸易逆差由 2021 年 87862.2 万美元减少至 2023 年 17432.3 万美元，下降了 80%，中非贸易逆差大幅缩小。

从国家/地区来看，非洲对中国出口额排在前十的国家/地区分别为南非、塞内加尔、苏丹、埃及、加纳、埃塞俄比亚、坦桑尼亚、马达加斯加、摩洛哥和毛里塔尼亚，十个国家/地区对中国的出口额贸易额占中非贸易总出口额的91.1%，见图 2 - 12。

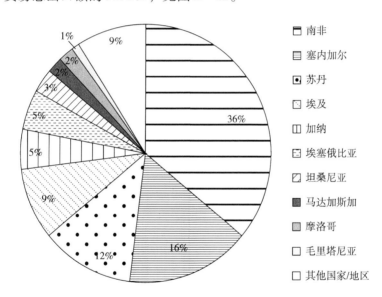

图 2 - 12　非洲对中国出口额排名前十的国家/地区占比

从出口产品来看，近三年非洲出口中国 444 类农食产品。出口额前十大农食产品品类依次为其他去壳花生（不论是否破碎）、橙子、其他鲜或干的坚果、未焙炒未浸除咖啡碱的咖啡、冷冻草莓、葡萄柚（包括柚）、柑橘（包括小蜜橘及萨摩蜜柑橘）、其他鲜或干坚果、去壳马卡达姆坚果（夏威夷果）、装入≤2 升容器的鲜葡萄酿造的酒，见图 2 - 13。

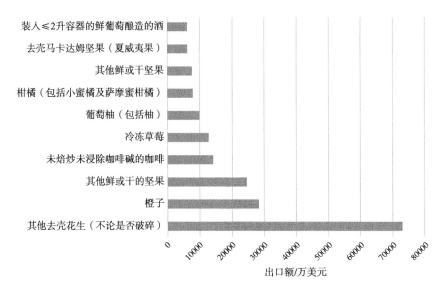

图 2－13　非洲出口中国前十大农食产品

从国家/地区来看，非洲对中国进口额排在前十的国家/地区分别为南非、摩洛哥、加纳、尼日利亚、科特迪瓦、埃及、尼日尔、塞内加尔、马里和莫桑比克，十个国家/地区对中国的出口额占中非贸易总出口额的 76.5%，见图 2－14。

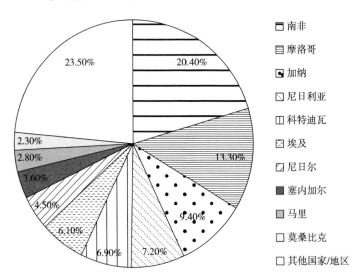

图 2－14　非洲对中国进口额排名前十大国家/地区占比

从进口产品来看，近三年非洲进口中国 675 类农食产品。进口额前十大农食产品品类依次为绿茶（内包装每件净重 >3 千克）、精米、非醋方法制作或保藏的绞碎番茄、冻罗非鱼（口孵非鲫属）、动物肠和膀胱及胃（鲜冷冻干熏盐腌及盐渍）、其他苹果汁、未列名食品、鲜或冷藏的大蒜、制作或保藏的沙丁鱼和小沙丁鱼属及黍鲱或西鲱（整条或切块）、其他冻鱼，见图 2 – 15。

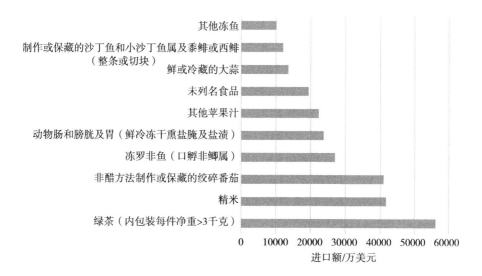

图 2 – 15　非洲进口中国前十大农食产品

第三节　非洲对中国出口不合格农食产品通报分析

截至 2023 年肯尼亚、马达加斯加、毛里求斯和摩洛哥四个非洲国家发布了针对中国农食产品的通报，总计 18 条。通报目标涉及植物保护、保护土地免受害虫侵害、食品安全、保护人类免受害虫侵害等。通报产品多为可食用蔬菜与某些根和块茎，咖啡、茶、凉席和香料，含油种子和含油果实、杂粮、种子及水果、工业或药用植物、秸秆和饲料，可可和可可制剂、谷物等。

第四节　非洲对中国出口农食产品重点关注项目

一是质量与安全标准。非洲国家对农食产品的质量和安全标准在逐渐提高，近几年通报数量增长迅速，尤其是乌干达、肯尼亚、坦桑尼亚等国家通报数量位居前列。中国作为重要的农产品出口国，需要确保出口产品符合非洲各国的相关标准和法规，如农药残留、重金属含量、微生物污染等。

二是运输与物流。非洲地域广阔，物流网络相对不完善，运输系统欠发达导致产品运输成本较高，运输时间长，可能面临货物损坏和腐烂的风险。

三是市场需求与适应性。非洲各国的消费习惯、饮食文化和需求各不相同。中国出口商需要深入了解非洲市场的需求，提供适应当地口味和文化的产品。对非洲消费者的偏好进行市场调研，了解农产品需求、价格敏感度、品牌认可程度等。

四是竞争与价格竞争力。非洲农食产品市场竞争激烈，中国农产品出口商需要在提高产品质量的同时降低生产成本，以提高竞争力。

第三章　相关工作建议

2024年9月5日，国家主席习近平在2024年中非合作论坛北京峰会开幕式上宣布对非务实合作新举措。其中，实施"中非质量提升计划"和"建设10万亩农业标准化示范区"由市场监管总局负责。此外，"设立中非标准化合作与研究中心、中非贸易数字化互信验证平台，开展中非合格评定能力提升行动"等举措纳入峰会成果文件《中非合作论坛——北京行动计划（2025—2027）》。

"中非质量提升计划"通过在计量、标准、认证认可等领域开展对非援助合作，提升非洲国家质量基础设施水平，加强中非质量管理、标准相互衔接，市场规则、规制相容相通，有效降低中非经贸合作的制度性交易成本，扩大对非制度型开放，为共筑高水平中非命运共同体作出贡献。该计划涵盖4项系统集成、有机衔接、协同发力的配套举措：

建设10万亩中非农业标准化示范区：帮助非洲国家开展农产品全产业链标准体系建设与实施应用，引领当地农业标准化生产。

设立中非标准化合作与研究中心：援助非洲建立标准信息平台，加强中非能源、农业等关键领域标准对接，解决中非贸易产品标准不兼容等问题，推动非洲标准化人才培养。

设立中非贸易数字化互信验证平台：引入统一国际标准，实现中非贸易主体与产品的身份互认、产品可信、流通顺畅。

中非合格评定能力提升行动：援助非洲提升检验检测和认证认可能

力，开展中非贸易重点产品领域的互认合作以及产业链供应链合作。

基于以上对非合作新举措，提出以下工作建议。

（一）出口产品

一是出口产品需要建立严格的生产流程和操作规范。生产商应遵循食品安全和卫生的原则，确保生产过程符合相关法规和标准，杜绝交叉污染的发生。同时，加强对生产设备的维护和清洁保养，避免污染。

二是出口产品需要进行质量检测和控制。通过质量检测来确保出口食品符合非洲的相关法规和标准。同时，建立完善的质量管理体系，加强供应链管理，解决农药残留、重金属和微生物污染等问题。鼓励农民采用有机农业和环境友好的种植方式，为其提供培训和技术支持，以提高产品的质量。

三是严格规范产品包装和运输。农产品的加工和包装能够提高产品的附加值与市场竞争力，鼓励企业进行初级加工，如分选、清洗、切割、脱水等，以延长产品的保鲜期和提高产品质量。同时，采用适当的包装材料和设计，确保产品在运输过程中的安全性和新鲜度。通过规范化确保出口农食产品免受污染和破坏。具体来说，要选择符合非洲国家要求的包装材料，避免包装材料对食品的影响，同时加强运输温度和湿度控制，确保农食产品的新鲜度和质量。

四是推动可持续发展。注重环境保护和社会责任，推动农产品的可持续发展。鼓励采用生态友好的农业种植和养殖方式，推广绿色农业和有机农业，减少对环境的负面影响，积极履行社会责任。推动绿色贸易和环保产业的合作，鼓励资源合理利用和环境保护，促进经济、社会和环境的可持续发展。

五是与非洲本地企业建立稳定的合作伙伴关系。通过与当地经销商、批发商和零售商等建立联系，加强渠道合作，提高产品的销售和分销能力。积极开拓多样化的贸易渠道，不局限于大型企业和跨国公司，鼓励中小企业参与中非贸易，促进区域性和民间贸易的发展。同时，加强电子商务和跨境电商平台的建设，推动线上线下贸易的融合。

六是出口企业要掌握贸易规则和标准。了解非洲各国的进口规定、质量标准和认证要求。确保产品符合当地法规和标准，包括食品安全、质量控制、包装和标识等方面的需求。与当地的贸易协会、行业组织和政府部门建立联系，以获取最新的贸易规定和标准信息。

（二）技术标准

一是加强中非技术交流与合作。鼓励中非食品企业开展密切交流和合作，分享经验技术，以提高产品的质量和降低生产成本。中非食品企业可以通过举办论坛、研讨会等形式进行交流，分享先进的生产技术和管理经验，以提高产品的质量和降低生产成本。同时，中方可以帮助非洲国家完善农产品质量监管体系，采用先进的技术手段，如物联网、区块链等，实现农产品从种植、生产到配送环节的全程追踪。

二是为非洲国家提供技术支持。帮助其完善农产品质量监管体系。包括培训官员、提供检测设备和建设实验室等方面的支持。鼓励企业间技术合作，共同开发适应非洲市场需求的新技术和新产品。

三是与非洲国家或当地研究机构建立合作研发项目。鼓励中资企业在非洲设立生产基地、销售网络和研发中心，提供就业机会和技术转移。同时，鼓励非洲企业来华投资，推动产能合作和价值链整合。加强投资保护和促进投资的政策支持，提高投资合作的吸引力。通过合作研究和创新，开发符合贸易伙伴需求的新产品、技术或解决方案，促使贸易的顺利进行。建立中非食品产业园，提供先进的技术和设备，并提供财务和税收方面的支持，以促进农食产品贸易发展。

四是开展技术转移与合作。与非洲农食产品企业开展技术转移和合作以提高产品的竞争力，通过技术培训、技术咨询和技术援助等方式，帮助非洲企业提升生产技术和管理水平，以满足贸易伙伴的要求。

（三）监管合作

一是建立中非农产品贸易监管合作机制，开展信息共享和经验交流，包括商务考察、培训、学术交流等，加强教育和人才培养合作，培养更多了解和适应非洲市场需求的专业人才，促进中非贸易的可持续发展。

二是加强对非洲市场的风险评估。通过评估了解当地市场情况和法规要求，及时调整出口策略和产品定位。

三是推动贸易便利化。建立和完善中非之间的贸易促进机制，包括双边贸易协定、自由贸易区等。通过降低关税、减少非关税壁垒等方式促进贸易自由化和便利化，扩大贸易规模，促进中非农食产品贸易的发展。

四是加强政府合作与沟通。通过共建"一带一路"等国际合作加强中非往来，促进政府高层交往、增进了解、加强协调和沟通，为中非农食产品贸易提供更加良好的政治支持和保障。

五是建立国际合作网络。积极参与相关的国际组织、行业协会和商会等，拓展自身的国际合作网络。通过参与国际会议、展览和商务考察等活动，了解全球农食产品贸易的发展趋势和最新技术动态，寻找合作机会和解决技术性贸易壁垒的途径。